教育，就是给孩子高情绪价值

贾杜晶　岳贤伦　著

中国农业出版社
北　京

前 言

天底下，所有的亲密关系都需要用心维护，亲子关系也是如此。在一种和谐幸福的家庭氛围里，如果孩子从父母那里感受到的是平和、温暖和快乐，那么我们可以认为，父母给孩子提供了很高的情绪价值。当然，与这样的父母生活在一起，孩子也会变得自信乐观。要知道，情绪价值体验良好与否，不仅决定着亲子关系是否融洽，也决定着孩子能否快乐、健康、自信地成长。

然而，在现实生活中大多数父母在教育孩子时，表现非常糟糕：大吼大叫、声嘶力竭，有的甚至会打骂孩子。孩子长期处在这种负面情绪的包围中，自己的情绪也会变得越来越糟糕。更可怕的是，不良情绪具有很强的传染性，一个脾气暴躁的家长，非常容易教出脾气暴躁的孩子。我有一个朋友，她的脾气有些暴躁，在跟孩子沟通时，无论大事小事总喜欢用吼叫的方式跟孩子讲话，“不好好吃饭，你想干吗？”“没看见前面有车啊，眼睛长哪儿啦？”久而久之，孩子也学会了妈妈这种表达情绪的方式。他在跟小朋友玩耍的时候，碰到一点儿不顺心的事情，立即就摔掉手里的玩具，双手叉腰，摆出一副气势汹汹的架势。久而久之，很少有小朋友愿意与他玩耍了。

父母如果能意识到负面情绪给孩子带来的严重后果，就应该从现在开始，学会更好地控制自己的情绪，尽可能以理智、平和、亲切的方式去与孩子交流。

另外，我们还要学会改变孩子的不良情绪体验，帮助孩子更好地调节自己的情绪。

我的女儿程程从一年级开始就很认真地练习跑步，每天下午放学后，她都会在公园跑两大圈。二年级下半学期，她的学校选拔接力赛队员，遗憾的是，她因为速度稍微慢了一点儿，没有选上，回家之后有些难过。

我开导程程："还记得你去年刚跑步时的样子吗？"

"记得，在公园一圈都跑不下来。"程程想了想，说道。

"那你今年连续跑两圈都很轻松，跑完还能跳200个跳绳，是不是进步很大？"

"是啊，我的悠悠球测试成绩也提高了不少。"

"所以，这么一想，你还难过吗？你看，你每天坚持跑步，各项体育成绩都提高了不少，这说明你的锻炼很有效果。妈妈相信，你只要坚持努力，明年选上的希望就会很大。"听完我的分析，原本还闷闷不乐的程程瞬间高兴了起来，接下来，她还自信满满地对我说："以后我要努力跑3圈。"

你看，同一件事情，如果换个角度来思考，就会得到完全不同的情绪体验。

"ABC情绪疗法"认为：事件本身并不是引起我们情绪结果的根本原因，而对诱发事件所产生的信念，也就是对这件事情的认知或评价，才是引发我们情绪问题的根本原因。因此，我们应该通过合理的教育和引导，让孩子逐渐学会这种情绪调节的好办法。

给孩子提供高情绪价值，还表现在很多方面。比如，在陪伴孩子的过程中，我们可以潜移默化地教会孩子很多处理问题的办法；在与孩子沟通时，我们要努力把话说到孩子的心里去；在面对情绪失控的孩子时，我们应该体谅孩子的各种小情绪，然后再想办法引导孩子学会调整自己的思维方式；我们还要学会赞美和鼓励孩子，想办法夸赞孩子的每一次进步和每一个长处。当我们能够做好以上这些时，我们会惊喜地发现，自己已经在不知不觉中成了能够给孩子带来高情绪价值的父母。

目录

第 1 章
好的亲子关系需要高情绪价值

我们有没有想过一个问题：孩子与我们相处时感觉舒服吗？

如果孩子能从我们身上体验到快乐、安全和舒服，那就说明我们给孩子提供了高情绪价值。反之，父母就要努力改变自己的情绪状态，争取为孩子提供高情绪价值。

真正的爱，是让孩子获得快乐的教育

一提到教育孩子，很多家长的共同反应是：这是一件很辛苦的事情。可是，你有没有想过一个问题，教育孩子的过程也可以充满快乐，我们完全可以用我们的爱让孩子感受到成长的快乐，同时也让自己获得快乐。

有部热播的电视剧《小欢喜》，相信很多家长都看过。在追剧的过程中，有两个孩子给我留下了非常深刻的印象：一个是英子，一个是方一凡。英子成绩优异，在学习上表现得非常独立、自觉；而方一凡则成绩平平，是老师和家长心目中的差等生。很多家长都想有英子这样一个孩子，而不希望有方一凡这样的孩子。但是，我却持有不同的看法。

我非常羡慕方一凡的成长经历，虽然他的学习成绩并不突出，但是他的身上有许多闪光点。比如，他乐观、幽默，无论碰到多么倒霉的事情，都能用乐观的态度轻而易举地化解掉。再比如，他具有很强的同理心，他虽然表面上看起来大大咧咧，但在待人接物上却非常体贴和细腻：能照顾从小城市来到北京、与别人显得格格不入的表弟的各种小情绪；也能够在妈妈生气崩溃的时候，主动安慰妈妈。而英子在强势妈妈的教育下，虽然取得了令人骄傲的成绩，但是她的成长过程并不快乐。她每天都要忍受妈妈各种各样的唠叨、逼迫，还要忍受妈妈随时随地有可能爆发的坏情绪，在生活和学习方面都表现得小心翼翼，浑身上下都透着不开心。

当看到英子和方一凡截然不同的情绪状态时，我在反思一个问题：真正的爱是什么？是逼着孩子成为一个更加优秀的孩子呢，还是让孩子尽可能成长得快乐一点儿呢？是和孩子建立一种无话不谈、平等和谐的亲子关系呢，还是把孩子牢牢地控制在手心里，让他凡事都听我们的话呢？

其实，真正地爱孩子，就应该让孩子获得快乐的教育。孩子在成长的过程中，也许暂时会表现得不如人意，但是父母完全可以用足够的耐心和爱意，去陪伴孩子走过成长过程中的磕磕绊绊。我们没必要对他大吼大叫，指责他表现得有多么糟糕；也没有必要揠苗助长，让他一口吃成一个胖子。他有自己的成长规律，并不会因为我们大吼大叫就变得更加成熟。与其搞得双方都闷闷不乐，倒不如适当尊重孩子的天性，让孩子在快乐轻松的氛围中获得更好的教育。

在这一点上，我很佩服方一凡的妈妈，上天给了她一个资质平平的孩子，孩子的学习成绩总是差强人意，而且孩子也没有太大的目标和追求。但是，焦虑的一凡妈妈在面对儿子的时候，却总是用包容的态度和充满鼓励的话语，心平气和地和儿子面对面坐下来谈心。另外，她能不厌其烦地带着儿子去找老师沟通，即便每次发脾气都要没收儿子的游戏装备，也只是说说而已。她从来没有像英子的妈妈那样，把孩子封闭在监控室一样的书房里，像看守犯人一样盯着孩子的一举一动。

我始终相信，被爱滋养出来的孩子一定是阳光、快乐的。在成长的过程中，他即便遇到暂时的失败和失意，也能够借助强大的自信、乐观和坚强等品质，一步一步地往前走。

短期来看，英子妈妈的教育也许是成功的，英子成绩优异、乖巧听话，但是从长远来看，我却更羡慕方一凡妈妈的教育成果：方一凡坚强乐观，能应对自己遇到的各种挫折和失意；他细心体贴，能用自己的乐观和幽默去感染身边的每一位同学，让每一个和他走在一起的人都能感觉到轻松和快乐；他虽然在学习成绩上让父母操心，但在其他方面还是比较让父母放心的，他的父母起码不用小心翼翼地呵护孩子脆弱的心灵，也不用整天提心吊胆，担心他每天过得开不开心。

在成绩和快乐之间，我们应该首选快乐，因为一个在成长过程中体会不到快乐的孩子，即使成绩再优异，也算不上是一个优秀的孩子。长期缺少快乐的孩子，在成长的过程中稍微遇到点儿风雨，就有可能产生负面情绪，当这些负面情绪积累到一定程度时，就会对他的性格和价值观产生强烈的冲击。而一个拥有快乐的孩子，即便暂时成绩不好，但因为拥有健康的心态，取得好成绩也指日可待。

说到这里，我想起了一个朋友，她的孩子因为在出生时有点儿缺氧，导致智力与正常孩子相比有些欠缺。孩子刚上一年级，我的这位朋友就被老师叫去谈了无数次话，老师反映孩子在课堂上无法集中精力听课，经常干扰课堂秩序。

无奈之下，朋友只好把工作辞掉，整天陪着孩子去学校上课，下课之后她再把老师讲的知识点教给孩子。她在孩子身上所付出的努力，是我们这些普通孩子的父母无法体会的。原本我以为，孩子会在伟大的母爱之下快乐健康地成长起来。但是有一天，我遇到了孩子的奶奶，孩子的奶奶一脸不满地对我抱怨说："孩子的妈妈整天对孩子大吼大叫，只要孩子稍微表现得不认真，或者没有听懂她讲的题目，她就会情绪崩溃，对着孩子大声咆哮，严重的时候，她甚至会控制不住情绪在孩子的胳膊上狠狠拧一下。结果，自从孩子的妈妈辞职以后，孩子的学习成绩并没有提高多少，情绪状态反而越来越差，面对妈妈的时候，孩子总是胆战心惊，连笑都不敢笑一下。"

无论是《小欢喜》里成绩优异的英子，还是朋友家发育迟缓的孩子，他们都没有从父母那里感受到真正的温暖和爱意。作为父母，我们不可能面对孩子的学习成绩做到宠辱不惊，但是我们在追求学习成绩的时候，一定不能忘记我们教育孩子的初衷是什么。我们带着满满的爱去参与孩子的成长，应该让孩子在学习和成长的过程中，既能收获成绩，又能感受到成长的快乐，而不是将两者对立起来，在一味追求成绩的过程中，剥夺了孩子感受快乐的权利。否则，即便孩子学习成绩再优秀，也不能算是一种成功的教育，因为我们用成绩剥夺了孩子本应该在教育过程中享受到的快乐，扼杀了孩子本应该具有的自信、乐观、幽默、坚强等品质，这些良好的品质，恰恰是支撑孩子走得更远、飞得更高的资本。

因此，真正的爱，不是控制，不是威胁，也不是压制，而是让孩子在接受教育的过程中，同样感受到成长的快乐和幸福，这样的教育才是真正的爱的教育。

好的教育，源于父母对孩子成长规律的了解

我们培育花朵时，不仅要遵循花儿的生长规律，还要看看它的生活习性，喜阴还是喜阳，喜水还是喜旱。如果按照一成不变的方式去培育一盆花，它反而会更快夭折。养育孩子也是如此，我们既要了解孩子的成长规律，知道孩子在哪个成长阶段会表现出怎样的特点，还要根据孩子的特点采取不同的教育方式。

有了大女儿程程之后，隔了几年我和先生又迎来了第二个可爱的女宝希希。在养育两个孩子的过程中，我体会最深的一点就是，父母对孩子成长规律的了解程度，将直接影响对孩子的教育效果。

弗洛伊德的人格发展理论，将孩子的人格发展分为口欲期、肛

欲期、性蕾期、潜伏期和生殖期几个阶段。弗洛伊德把0~1.5岁的孩子划归在口欲期，他对口欲期的理论研究，得到了公众的认可。根据弗洛伊德的人格发展理论，婴儿在口欲期的行为表现主要有以下几点：

1.婴儿要用嘴吃东西，这是婴儿的基本需求，如果婴儿在口欲期经常挨饿，那么这个孩子在长大后有可能会成为一个吃货。

2.婴儿需要用嘴感知世界，这就是我们经常看到婴儿喜欢把各种东西往嘴里塞的原因，无论这个东西是食物，还是压根无法吃的东西，他都喜欢塞进嘴里咬一咬。

孩子通过吮吸来刺激口腔黏膜，从而获得快感，这是婴儿在口欲期的典型表现。

一些欧美国家的婴儿在随父母出门的时候嘴里会叼着一个奶嘴——他们通过不停地吸吮奶嘴来获得安全感，这种安全感的获得，会让婴儿的口欲得到极大的满足，也会极大地减少他们哭泣的频率。

现在，我们国家也有越来越多的妈妈选择用安抚奶嘴来满足孩子的口欲。很可惜的是，在我女儿程程1岁多的时候，我们认为安抚奶嘴会让她产生极大的心理依赖，因此没有满足她的这一需求。有时候，她哭着想啃咬一些食物，但我们认为这种行为习惯会干扰她正常的吃饭节奏，因此在正餐之外，我们很少给程程零食吃。现在回忆一下，在程程1岁多的时候，有些夜晚她独自躺在婴儿床上哇哇哭泣，那个时候，如果我们能及时地给她递一个安抚奶嘴的话，也许她哭泣的次数会大大减少。

现在，我对一些育儿理论有了全新的认识和理解，也更加深刻地认识到，尊重孩子的成长规律对家庭教育而言是一件多么重要的事情。

二女儿希希6个月大的时候，我们给她买了一个安抚奶嘴。让我们惊喜的是，希希对这个小礼物似乎格外喜欢，每当她焦躁不安的时候，我们赶紧让她吸吮一会儿奶嘴，她很快便会安静下来。断奶之后，我们发现希希总喜欢吃各种各样的零食，玉米、饼干、煎饼，反正各种能吃的东西，她都喜欢塞进嘴里咬一咬，而且一边咬，一边满足地看着大人。从她充满幸福感的眼神里，我意识到自己做了一件多么有意义的事情。在她需要满足口欲的成长阶段，我愿意遵从她的成长规律，积极满足她的各种口欲需求，让她获得了成长的幸福感和满足感，这对她安全感的获得以及性格的塑造都非常有益。

两三岁的孩子正处于自我意识萌芽的阶段，他们有了“自我”和“他人”的概念，知道我的东西是我的，你的东西是你的，我的东西不能给你。处于自主意识萌芽阶段的孩子，父母不要盲目地逼迫他把自己的东西分享给别人，因为这会打乱孩子的内在秩序感，影响孩子自主意识的觉醒和发展。

希希有一次拿了一个苹果在啃，他6岁的表哥突然走过来跟希希说：“让我吃一口好不好？”希希见状，赶紧一扭小身子，把苹果紧紧地护在怀里。这时表哥笑话希希说：“希希真小气！”大女儿程程看到了这一幕，便走过来耐心地跟表弟说：“希希现在刚刚有自我意识，所以她还不懂得分享，等她再长大一点儿，慢慢就会分享了，所以你现在先不要笑话她好不好？”

说实话，听到程程的这番话，我非常感动，也许是在我平时跟别人讲育儿知识的时候，她隐隐约约地听到了一些。她尽管对这些育儿理论还只是懵懵懂懂，却能以包容的心态去尊重妹妹的成长规律，在妹妹表现出一些比较幼稚的行为时，她并没有像别人那样去笑话妹妹，而是选择理解妹妹、包容妹妹。就这样，在姐姐细心的关爱下，妹妹与姐姐的关系非常亲密，平时希希一见到姐姐，就会开心地咯咯大笑。

我想，这就是尊重与理解所换来的意想不到的效果。我们在孩子失意的时候，不去责备他；在他迷茫的时候，给他一个大大的拥抱；在他需要帮助的时候，伸出我们温暖的手。如果我们能以发展的眼光去看待孩子成长过程中遇到的各种问题，那么，我相信，我们和孩子的关系也会变得亲密许多。

我们如果对孩子的成长规律有足够的了解，那么就知道孩子的认知发展会经历4个不同的阶段；我们如果知道男孩和女孩在成长初期，认知能力和语言能力会存在明显的差异，就不会一味责怪男孩的淘气；我们如果知道孩子对时间的管理总会经历混乱到有序的磨合时期，就不会在孩子偶尔偷懒、懈怠的时候，给他扣上一顶“不好好学习”的帽子；我们如果知道孩子的注意力会随年龄的增长呈现出不同的特征，就不会总是抱怨孩子无法专心致志地学习了。

我们指责孩子幼稚，是因为我们已经经历过那个幼稚的阶段，逐渐成了一个成熟的生命个体。因此，我们不应该以成人的眼光，去指责孩子在他特定年龄阶段所表现出来的正常行为。

美国教育家杜威在《民主主义与教育》一书中说过这样一段话：如果他们（孩子）的这些行为在成年人看来是狭隘和自私的，这不过是因为成人通过幼年时类似的独占行为已经达到了这些目的，因而他们对这些不再感兴趣而已。所谓儿童天生的自私自利，大多数只是与成人的利己行为相冲突的利己而已。过分专注于自己相关事物的成人，对孩子们的事物不感兴趣，难怪会觉得孩子们一心一意专注于他们自己的事情上是不对的。

因此，我们不能根据自己的意愿去养育孩子，而应该尊重孩子的成长规律，以科学的视角和包容的心态去看待一个不断成长的孩子，如果我们能与孩子一同成长的话，那么我们收获的惊喜远比失望多得多。

做一个言行举止能让孩子舒服的人

有的父母和孩子在一起谈天说地，气氛非常轻松，而有的父母和孩子在一起，气氛就比较压抑，大人做大人的事情，孩子做孩子的事情，彼此之间没有交流，空气仿佛都凝滞了。

之所以会出现截然相反的两种情形，跟父母的情绪管理方式有很大的关系。在这里，我想给大家介绍一个新的词汇——情绪价值。“情绪价值”这个词，最初来源于经济学和营销领域，美国爱达荷大学商学院的Jeffrey J. Bailey（杰弗里·贝利）教授从顾客与企业之间的关系营销视角出发，将情绪价值定义为顾客感知的情绪收益和情绪成本之间的差值。情绪收益为顾客的积极情绪体验，情绪成本则为顾客的负面情绪体验，而所谓的情绪价值，就是用情绪收益减去情绪成本的结果。

在生活中，我们会发现，有的人性格开朗幽默，不管在什么场合，都能够调动周围人的情绪，将环境氛围调动到最佳状态，一般而言大家都喜欢和这样的人交流；而有的人性格内向，平时沉默寡言，当别人与他交流时，往往得不到积极的情绪回应，一来二去，这个人就能凭一己之力把整个氛围降到冰点。根据前者的表现，我们可以把他称为一个高情绪价值的人，而根据后者的表现，我们把他称为一个低情绪价值的人。我想，每一个人都愿意跟高情绪价值的人在一起交流互动，而会下意识地避开低情绪价值的人，这是一种趋利避害的本能表现。

亲子关系也是同样的道理，我们可以把“情绪价值”这个词引入到亲子教育中来反思，在孩子的眼里，我们究竟是一个高情绪价值的父母，还是一个低情绪价值的父母呢？既然每个人都有趋利避害的本能，那么孩子也不例外，他们也希望拥有积极、乐观、阳光的父母，跟这样的父母相处，孩子自身的性格也会变得越来越积极、乐观、阳光。

有一次我感冒发烧，妈妈陪我去一个诊所输液，整个过程大概需要两个小时。妈妈全程都陪着我聊天，在欢声笑语之中，两个小时很快就过去了。其间，诊所老板进来，她一脸羡慕地问我妈妈："怎么你的女儿这么喜欢跟你说话，我的女儿一天下来跟我说的话不超过三句。"妈妈笑了笑说："我家孩子从小就这样，总喜欢跟在我屁股后面，什么事都要跟我说一说。"面对阿姨的疑问，我心里还有些奇怪，难道天底下所有的父母跟孩子不都是无话不谈的吗？我正在纳闷的时候，阿姨紧接着又说了一句话，她说："我家小儿子也是从小黏着我，什么事儿都愿意跟我说。可惜女儿脾气大，我俩经常一句话没说完，就吵翻了。"

出去结账的时候，我们正好跟老板的女儿打了个照面，她们母女正在说话。只见这位妈妈一改刚才和蔼可亲的模样，拉着脸抱怨女儿："让你去拿药，说了半天了，还没拿过来。"听完妈妈的呵斥，女儿的脸上早已是阴云密布，只不过强忍着不满，在努力保持着沉默。眼见女儿默不作声，这位妈妈紧接着又抱怨说："整天就知道玩手机，有人来了，一个笑脸也没有，整天摆个臭脸给谁看？"

听完这个妈妈的呵斥，我不由得倒吸一口冷气，即便我习惯了在父母面前畅所欲言，无话不谈，但我如果面对的是这样一个充满负能量的妈妈，估计也一句话都不愿意跟她说。

现在想想，那些亲子关系和谐的家庭背后，都有一对高情绪价值的父母，他们总能以轻松愉悦的说话方式和孩子交流。那些总是抱怨亲子关系疏远的父母，更应该反思自己平时的言行举止是否能够让孩子感到舒服。

那么，究竟怎么做才能具备高情绪价值呢？我认为，至少需要做到以下两方面。

1.对孩子要有包容的心态

亲子冲突频发有一个很重要的原因，就是父母缺少包容的心态，一个正在成长中的孩子，会出现各种各样的问题，这是一件再正常不过的事情，但面对孩子成长中出现的问题，具有不同情绪价值的父母会做出截然不同的反应。具有高情绪价值的父母，一般而言都会具有包容的心态，面对孩子出现的这些问题，他们首先会进行理智的思考，看看孩子身上出现的这些问题，究竟是个性还是共性。紧接着，他们会尽可能找一些有效的解决办法，尝试与孩子好好沟通。而低情绪价值的父母，面对孩子出现的问题，他们的第一反应是生气，第二反应是指责，而不是第一时间想办法解决问题。

程程七岁半时，我们想让她单独睡一个房间，结果在第一周，她经常半夜悄无声息地站在我们床头，或者轻飘飘地来一句“妈妈我想喝水”，总之会把我吓醒。被吵醒之后，我也有点小情绪，但我明白，女儿之所以会有这样的行为，是因为她出现了比较严重的分离焦虑。在这个时候，对于她所作出的各种夸张的行为，我们都尽量包容她、理解她，直到她慢慢克服这些心理障碍。事实证明，我们对女儿的包容和理解，让女儿很快克服了分离焦虑，一个人安心地在书房呼呼大睡。因此，当孩子出现各种问题时，作为父母，我们一定要理解他、包容他，这样才能帮助他尽快走出困境。

2.尽可能地支持孩子、鼓励孩子

在我看来，孩子好不容易有个兴趣爱好，只要正当合理，做父母的都应该支持他、鼓励他，这是一个拉近亲子关系的捷径。在电视剧《小欢喜》里，英子非常喜欢去天文馆做解说员，但她的妈妈认为这会影响高考，坚决反对女儿参加这些兴趣活动。其实妈妈这样的做法，不仅不能让孩子安心学习，反而会极大地影响母女关系，让女儿情绪低落，对妈妈心存不满。如果是我的话，我会尽可能地支持孩子、鼓励孩子，因为孩子开心，父母就开心，亲子关系才会融洽，何乐而不为呢？

有一次，程程的学校动员孩子参加科学漫画比赛，程程学的是国画，从来没画过漫画，所以我和先生压根儿没想到女儿能参加比赛。结果周五放学回来，程程兴冲冲地告诉我：“妈妈，我主动跟科学老师报名参加漫画比赛了。”我和先生四目相对，顿时语塞，我们原本打算利用中秋假期带她去郊外爬山的，这样的话，只好取消户外活动了。即便这样，我和先生还是很快调整了心态，装作惊喜的样子跟程程一起沟通漫画主题和内容。整个下午，程程都趴在桌子上，开开心心地“创作”她的科学漫画，我和先生站在旁边，不时地提一些小建议。看到全家其乐融融的样子，我在想，孩子的快乐其实很简单：她想玩雪，那就在下雪天让她玩个痛快，只要做好保暖措施就可以了；她想搞创作，那就取消爬山的计划，陪她一起创作好了。反正只要她开心就好。仔细想想，做一个高情绪价值的父母，其实并没有那么难。

除了多包容孩子、理解孩子、支持孩子之外，恰到好处的语言艺术也能起到锦上添花的作用。比如，孩子犯了错误，千万不要逮住他一顿痛骂；有时说话隐晦一点，点到为止就可以了，只要孩子知道错了，并且愿意改正就行，没有必要劈头盖脸地痛骂他一顿，让他颜面尽失。总而言之，父母在教育孩子的过程中，应该尽可能采取一些让孩子感觉舒服的方式，这样既能起到良好的教育作用，又能拉近孩子与父母的关系，让整个家庭变得亲密和谐，一举多得，何乐而不为呢？

父母情绪稳定，孩子才会更有安全感

一个看上去非常阳光自信的孩子，一定拥有满满的安全感，而这份安全感来自身后的父母。我们不一定要给孩子提供多么丰富的物质条件，但是至少在安全感方面，我们应该竭尽所能地给予孩子。

我曾经听到一个非常自卑的孩子说过这样一句话：“因为我没有可以依靠的父母，所以别人都来欺负我。”在这个孩子的眼里，世界都是灰暗的，别人都可以随意欺负他，他觉得这一切的根源都来自自己不幸的成长经历，因为自己没有从父母那里得到足够的安全感。我在想，这个孩子如果从小成长在一个充满爱的家庭环境中，父母爱他、呵护他，那么面对一件同样糟糕的事情时，就会换个角度去考虑问题，比如他会想：别人有可能心情不好，才会这样对我，也许他并不是故意针对我。你看，拥有安全感的孩子，他能够以更加阳光的心态去看待一件糟糕的事情，轻易不会自怨自艾、自暴自弃。

那么，父母应该如何竭尽所能地给予孩子充足的安全感呢？也许大多数父母会说，我已经很爱孩子了，爱到骨子里了。但我想说的是，父母都会掏心掏肺地去爱自己的孩子，也会竭尽所能地把自己认为好的东西给孩子，但是这种做法并不意味着你给予了孩子充足的安全感。安全感的获得，离不开幸福的家庭，离不开情绪平和的父母。一个整天充满争吵和家庭暴力的家庭环境，是无法给予孩子充足的安全感的。同样，一个脾气非常暴躁、动辄对孩子大喊大叫的家长，也很难给予孩子充足的安全感。

我有个邻居，他性格非常内向，也很自卑，平时在巷子里见到邻居，从来不会热情地打招呼，只会低着头匆匆地走过去。在外人眼里，这个孩子给人的感觉非常冷漠，甚至是冷血。他整天独来独往，很少跟别人掏心窝地聊天，他的身边也没有什么谈得来的朋友。

外人如果了解了他从小成长的家庭环境，那么一定会对这个孩子表现出同情和理解。他的父母在他很小的时候就经常吵架，甚至是打架。我听其他邻居描述，有一次，他们听见这个男孩惊恐的尖叫声之后，冲进了他们的房子里，结果看到了令人惊恐的一幕：当时这个男孩的父母各自手持一把利器，正在怒气冲冲地大声指责对方。邻居进门的时候，发现这个男孩正尖叫着蜷缩在墙角，惊恐地看着眼前暴怒的父母。

据我所知，男孩的家里经营着小生意，经济条件尚可，物质生活也很丰富，他的父母也非常爱他。但父母两人性格都很暴躁，平时在生活中，夫妻二人经常因为鸡毛蒜皮的小事而大打出手，而这位男孩就是在这样鸡飞狗跳的环境中，战战兢兢地度过了整个童年。

父母爱孩子是肯定的，但是爱的方式却并不一定是正确的。有的爱，的确能给孩子提供充足的安全感；而有的爱，却日复一日地在孩子幼小的心灵上划出一道又一道的伤口。男孩这样的父母会把孩子变成一个在暴戾中生存的惊弓之鸟。孩子生活在这种环境中，既不自信也不阳光，看待任何事情都是悲观的。其实，每个孩子都渴望有一个温馨幸福的家庭，渴望父母能够耐心、温和地和自己交流。

我在接女儿程程放学的时候，认识了一个和她同岁的小女孩。

小女孩的奶奶告诉我，女孩妈妈拥有高学历，还有一份体面的工作。她原本希望儿媳能把孙女好好教育成人，但却没想到，女孩妈妈下班回家之后，总是负能量满满：孩子作业写得慢了，她就怒不可遏，把孩子骂得狗血喷头；孩子早上起床洗漱稍微磨蹭了一点儿，她就各种指责抱怨。结果女孩在母亲暴躁的情绪影响下，学习成绩没有得到提升，行为也变得越来越叛逆了。奶奶每次看到这样的场景都非常心痛，但却不好干涉儿媳的教育方式。每次她试图跟儿媳好好沟通的时候，儿媳都会甩出一句话："我每天压力这么大，在外面辛苦赚钱供她上学，她却是这个样子，谁看了不生气？"这位奶奶听后竟无言以对。

这个案例告诉我们，在情绪暴躁的家长教育下的孩子，不仅有可能变得沉默寡言、内向自卑，还有可能走向另外一个极端——变得桀骜不驯、极度叛逆。

平心而论，父母也有自己的委屈，但谁让我们是父母呢？父母就该有父母的耐受力，我们不应该把生活和工作中的压力发泄在孩子身上，孩子应该享受的是一个幸福快乐的童年，他不应该成为父母矛盾冲突的牺牲品。

有人跟我说，我发现你性格比较温柔，脾气也特别好，你应该从来不会对孩子大吼大叫吧？我想说的是，人无完人，我偶尔也会有控制不住自己情绪的时候，但在绝大多数情况下，我都会不停地暗示自己：我是一个妈妈，我应该温柔地跟孩子说话，我要修炼自己的脾性，我要给孩子树立一个好榜样。在这样反复的心理暗示之下，无论有再大的压力和情绪，我都会尽可能温柔地跟孩子说话，因为孩子是无辜的，他不应该承受我们生活的压力。我不是圣人，偶尔也会控制不住发脾气，但是事后我一定会及时跟孩子道歉，明确地告诉孩子："妈妈刚才的状态是不好的，你千万不要学妈妈刚才说话的样子，凡事要好好沟通。"

程程在大多数时候都是笑眯眯的，很多见过她的人都会问："你为什么总是这么爱笑啊？"我也问过程程这样的问题。程程回答说："因为我觉得生活好开心啊。"能听到这样的答案，我感觉很欣慰，也很有成就感。作为父母，尽管我们的生活可能一地鸡毛，但是我们一直努力给孩子营造一个平静祥和的家庭环境，让她感受到生活是非常美好的，即便在生活中有诸多困难，只要笑对生活，就没有什么过不去的坎。

心理学家科胡特曾说：孩子需要母亲眼中反映的光辉来维持自恋的满足……因此，我从不羡慕那些物质条件很好但精神生活贫乏的家庭。因为从家庭教育的角度而言，物质条件滋养的只是孩子的身体和外在，却滋养不了孩子的精神世界。

给孩子高情绪价值需要全家人的努力

孩子生活在一个大家庭中，这个家庭中除了父母之外，也许还有爷爷奶奶或者姥姥姥爷，如果仅仅只有一个具有高情绪价值的家长来影响孩子的话，那么孩子也很难感受到真正的轻松和愉悦，这个时候就需要全家人共同努力了。

在一个家庭中，父母是教育孩子的核心力量，但是这并不意味着处于外围的爷爷奶奶或者姥姥姥爷对孩子的影响可以忽略不计。相反，当一个家庭中不同的人对孩子采用不同的教育方式时，孩子就会在这个家庭中表现得无所适从，不知道该听谁的。在一个家庭中，如果家庭成员并没有把所有的力量都拧成一股绳，就会产生内耗效应。

内耗效应是指在群体心理学中，社会或部门内部因不协调、不统一或矛盾激化等原因造成人力、物力等方面消耗而产生的负效应现象。内耗产生有深层次的原因，主要是因为群体内部各成员之间存在认知、情感、个性等多方面的不协调。处在内耗环境中的群体成员，即便大家都在努力做事，但却会让事情的结果朝着坏的方向推进，甚至有可能会出现越努力越糟糕的问题。因此，要想克服内耗效应，群体成员就应该尽量克服认知、情感、个性等方面的不协调，尽可能让大家的目标、观念和行为整齐划一。说得通俗一点，就是大家的劲要往一块使。

有一个朋友这样跟我抱怨，他说自己和爱人都是独生子女，他俩生育了一个儿子，今年8岁，原本双方有四位老人可以帮助小两口来照顾孩子，但是老人的好意却被他们委婉地拒绝了。因为曾经发生过一件让人不愉快的事情，让他再也不敢擅自做主让老人过来帮忙了。

事情的经过是这样的：有一次孩子的数学只考了89分，回家之后，孩子的妈妈把孩子拉到书房，狠狠地批评了半个小时，这期间由于控制不住情绪，把孩子的书本都摔到了地上。没想到，孩子妈妈的这个举动，让原本就在隔壁房间坐立不安的奶奶受不了了，她夺门而出，和孩子的妈妈激烈地争吵了起来。奶奶认为孩子还小，应该好好跟孩子讲道理，但是妈妈认为自己已经讲了无数遍道理，孩子依然不听话，该细心的地方一点儿也没有注意。她认为，只有严厉地管教和批评孩子才能帮助孩子克服粗心的毛病。孩子妈妈和奶奶你一句，我一句，互不相让，剑拔弩张，孩子吓得躲在房间里哇哇大哭。

这位朋友告诉我，在平时的生活中，孩子的妈妈和奶奶在教育孩子方面就存在严重的分歧。同样一件事情，妈妈总是习惯用严厉的语气跟孩子交流；而奶奶总是和颜悦色，甚至有些宠溺孩子，面对孩子身上出现的所有问题，她都选择睁一只眼闭一只眼，认为孩子大了，自然就会懂事。教育理念的冲突，让家里经常充满浓浓的火药味，这对孩子的心理影响非常大。朋友发现，以前活泼开朗的孩子，现在一看到奶奶和妈妈，吓得都不敢大声说话了。

朋友家的问题在现实生活中并不少见，在一个大家庭中，每个人的性格特质、教育理念都有所不同，所以发生矛盾和冲突也是在所难免的。一般而言，隔辈的爷爷奶奶或姥姥姥爷经常采用温和的教育方式与孩子交流，无论孩子出现任何问题，他们都不愿意用严厉的口吻去教育孩子。不仅如此，当他们看到孩子的爸爸妈妈采用比较激烈的方式批评孩子、呵斥孩子时，还会忍不住站出来替孩子说话。

我观察过身边几个存在严重教育分歧的家庭，发现了一个共同现象：在教育理念混乱、家庭氛围鸡飞狗跳的环境中，孩子往往比较淘气、任性。这是因为，对于小学阶段的孩子而言，正是建立正确的是非观、价值观的时候，他们喜欢模仿大人的言行举止，并且能够通过大人的行为选择来判断一件事情究竟是好是坏，是对是错。如果家长一会儿温柔，一会儿暴躁，一会儿严厉，一会儿宽松，孩子就会采取放任自流的态度，完全放纵自己。这时候，一些自律性差的孩子就会存在侥幸心理，认为无论做错什么事情，反正都会有人护着自己，于是便会放肆地玩耍，不好好学习。

因此，想要给孩子提供一个高情绪价值的环境，就需要家庭中的所有成员一起努力。我认为在一个家庭中，即便每个人的做事风格、教育方法不一致，一些基本的教育原则也应该是统一的，达成这个共识之后，家庭内部发生矛盾和分歧的可能性就会小很多。

1.父母是教育孩子的核心力量

在遇到一些隔辈的老人抱怨儿子或儿媳教育方式存在问题时，我一般都会给对方传达一个理念：在一个家庭中，父母是教育孩子的核心，任何时候都应该以父母的教育意见为主。当然，如果父母教育方式存在问题，老人可以提出合理的意见，但要以尊重孩子父母的教育为前提，哪怕父母的教育方式欠妥，说话的语气暴躁，老人也不应该冲出来与孩子的父母发生争执，因为这会让孩子变得无所适从，不知道该听谁的话。

2.夫妻双方应该尊重彼此的教育方式

在一个家庭中，无论是“虎妈猫爸”还是“虎爸猫妈”，如果夫妻双方都想按照自己的教育方式来教育孩子，那么这将不利于孩子的成长。因此，夫妻双方应该尊重彼此的教育方式，不要独断专行，甚至自以为是。在教育孩子之前，夫妻双方最好能够提前沟通，就孩子的教育问题达成一致的意见，尽量避免出现一方教子、另一方拆台的尴尬情况。

在程程的教育问题上，无论大事还是小事，我和程程的爸爸都会提前进行沟通，绝对不会在孩子面前争个面红耳赤。比如，程程想要一个礼物，她会先去问爸爸的意见，得到允许之后，爸爸会不忘叮嘱一句：“你最好再问问妈妈的意见。”我们想用这种方式告诉孩子，在一个家庭中，无论爸爸还是妈妈，对她的教育理念都是一致的，不存在哪一方纵容她，而另一方又苛责她的情况。

3.当教育分歧无法协调时，应尽量避免让老人带孩子

我有个朋友，她的家庭就存在不可调和的教育分歧，每次她和老公教育孩子时，她妈妈都会冲出来护着外孙，导致孩子比较任性，甚至出现了比较严重的课堂问题——整天在课堂上调皮捣蛋，我这位朋友也因此经常被老师叫去谈话。在这种情况下，朋友做了一个艰难的决定，她跟老人好好谈了一次，委婉地谢绝了老人的帮助。尽管平时自己照顾孩子非常辛苦，但一想到孩子可以在一个简单而相对健康的环境里成长，她就觉得这个决定非常正确。很多父母苦于家庭矛盾无法调和，却又找不到解决问题的办法，很重要的原因是年轻的父母一方面想依赖老人洗衣做饭、照顾家庭，另一方面又希望老人不要在孩子的教育问题上指手画脚。

我们常说，利弊福祸相依相随，当你有求于对方的时候，便不好意思对对方的言行举止有太多的要求。因此，当家庭教育出现不可调和的矛盾时，我们应该尽量减少对老人帮助的依赖，努力给孩子营造一个简单而又健康的成长环境。另外，夫妻双方也应该努力尊重对方的教育理念，要知道，一个和谐的家庭环境能给孩子提供“1+1>2”的高情绪价值体验。

第 2 章
尊重孩子是父母最大的教养

如果我们总是端着父母的架子，喜欢用父母的权威去教育孩子，那么孩子将很难信任我们。正确的做法应该是，把孩子当作一个独立、平等的生命个体去尊重、去对待，这样孩子才愿意靠近我们。

要把孩子看作一个独立的生命个体

孩子不是父母的附庸，他从生下来的那一刻起，就是一个具有独立人格的生命个体。因此，父母应该始终把孩子当作一个独立的生命个体去对待，这样在处理很多问题时，才会跳出传统的思维方式，用相对理性和客观的态度去解决问题。

如果我们仔细观察，就会发现这样一个现象，很多亲子矛盾爆发的深层原因，其实都源于父母和子女在沟通时的地位不平等。很多父母在与孩子沟通问题时，经常大呼小叫、颐指气使，甚至歇斯底里。而且父母站在身份制高点上去呵斥孩子时，并没有觉得这种教育方式有何不当，因为“父为子纲”的思想已经根深蒂固。

在这种思想意识支配下，父母就会认为，大人管教孩子天经地义，就应该拿出该有的“气势”来，否则在孩子面前显得没有威慑力。

朋友家有个男孩叫乐乐，8岁左右，正在读小学二年级，成绩非常优异。但是，与这个年纪的其他男孩相比，乐乐的性格看上去明显不够开朗，每次几个小朋友一起出来玩，乐乐都显得特别害羞、腼腆。有一次，几个孩子的妈妈带了一些零食，让孩子们分享。这时一位妈妈买了几个汉堡和几杯可乐，让孩子们一起享用。孩子们一听有汉堡和可乐，都匆忙跑了过来。唯有乐乐留在原地，一边用充满期待的眼神看着这些汉堡和可乐，一边面色犹豫地望着自己的妈妈。

这时，其中一位孩子的妈妈邀请乐乐一同过来吃，可是乐乐的妈妈却笑着回应说：“刚出门时乐乐已经吃过饭了，谢谢。”那位妈妈见乐乐的眼神依然停留在汉堡和可乐上，于是继续热情地邀请乐乐过来吃，乐乐抿了抿嘴巴，刚想走过去享用美食，就被妈妈一把拉住了手说：“可乐有点凉，乐乐，你肠胃不好，还是算了吧。”乐乐妈妈的语气虽然很委婉，但大家都能听出来，她的话语里明显带着不容反驳的意味。

让我感到诧异的是，一个8岁大的男孩，竟然连享用汉堡和可乐的自由都没有，不难想象平时在家里妈妈对他的管控该有多么严格。听别的妈妈说，每天放学回家后，乐乐所有的事情都由妈妈来安排，包括几点吃饭，几点写作业，几点看电视，几点刷牙洗脸，等等。可以说，乐乐的妈妈对孩子的生活管控极其严格。尽管乐乐的学习成绩在同龄孩子中处于上游，但我认为，与优异的成绩相比，一个孩子具有独立的人格更为重要。因为人生是一场长跑，孩子的人生越往后推进，越需要他独立面对人生路上的风雨，毕竟爸爸妈妈不可能永远陪着他。然而，让人遗憾的是，乐乐的妈妈显然没有把眼光放得更长远一些，而是把儿子牢牢地庇护在自己的羽翼之下，包办孩子的所有事情，甚至连吃什么、喝什么这样的小事情，都不允许孩子自由选择。可以想象，在这样的教育方式下，不仅孩子越来越压抑，父母也会感到越来越累。

大多数妈妈的通病就是爱操心孩子的事情。有一次我们全家人出门，外面天气不太好，可是程程非要穿一件漂亮的裙子。我担心她着凉感冒，就忍不住劝她换一件厚衣服。这时候，先生提醒了我一句：“孩子都这么大了，想穿什么衣服，有她自己的想法，我们尊重她就好了，至于着凉感冒，她挨冻一次，下次出门时就会自己想着带一件外套了。”从那以后，除了上学期间，在节假日或周末外出时，我们一般都会尊重女儿的穿衣自由，比如她天热时穿长袖的裙子，天凉时穿一件薄薄的T恤，或者非要把T恤塞在裤子里等，这些小事情，我们一般都不会太多去干涉她。当然，在出门之前，我们会把自己的建议告诉程程，认为怎么搭配衣服更合适，然后再把选择权交给程程，如果她坚持想要穿自己选的衣服，那也无所谓，让她穿着出门好了。

在处理生活中类似的小事情时，我们要学会尊重孩子，把他当作一个有思想、有主见的孩子，给他应有的尊重。相信在父母的耳濡目染之下，他以后也会学着去尊重别人的想法和选择。真正聪明的父母，会在这些无足轻重的小事上放手，让孩子自己去选择，去做决定，从而逐步培养孩子的独立意识和自主意识。要知道，一个真正拥有独立意识和自主意识的孩子，才能更加理性、平和地去接受别人的意见和建议。而用专制和强迫手段教育出来的孩子，很容易走向两个极端：一种是非常懦弱，缺乏主见；另一种则是非常偏执，固执己见，听不进任何人的意见。

那么，怎样才算真正地把孩子视为一个独立的生命个体呢？我认为以下几点非常关键。

1.把握好帮助和管控的行为界限

在孩子的心智尚未发育成熟之前，父母可以在孩子的生活和教育上扮演引导者、教育者的角色，但父母应该清楚，这样的角色只是一个帮助孩子成长的领路人，而不是管控孩子人生方向的掌舵者。那些喜欢在孩子的成长过程中对孩子的选择指手画脚，或者喜欢对孩子的事情大包大揽的父母，都在无形中把自己当作了孩子人生的掌控者，同时把孩子的责任当作自己的责任去对待。这种思想是非常可怕的，因为当你有了这种思想之后，你就会不由自主地想去管控孩子的一切，而且经常“恨铁不成钢”，于是在管控孩子的时候，就非常容易大吼大叫、歇斯底里，把最糟糕的一面展示在孩子面前。

2.相信孩子能对自己负责任

把孩子当作一个独立的生命个体，就要让孩子学会为自己的人生负责，不要总把孩子看作长不大的小孩子，而应该学会用发展的眼光去看待一个成长中的孩子。罗马不是一天建成的，孩子的责任意识也不是一天就能够培养出来的。在不断试错纠错的过程中，孩子的责任意识才能逐渐建立起来。蹒跚学步难免跌跟头，不要怕孩子在成长的过程中跌跟头，有时候跌跟头也是一件对孩子成长有益的事情，跌过许多跟头之后的孩子，他的耐挫力也会比其他孩子要强大得多。因此，从现在开始，让他学着收拾书包，学着自己整理床铺，学着自己去跟同学和老师打交道，让他不断地经受挫折，他才能被生活历练得越来越强悍。

3.以平等的眼光对待孩子的生活

孩子在成长的过程中会出现淘气、不听话、让父母操心等一系列问题，无论这些问题多么让父母头疼，这都是孩子最真实、最丰富的生活状态，他们跟我们大人的生活状态具有同样的重要性。孩子没有比我们差，我们也没有比孩子更优越，孩子有各种缺点和问题，我们生活中也会有各种糟心事，大家都在跌跌撞撞中学着成为更好的自己。我们父母一定要收起先天自带的身份优越感，不要总喜欢站在高处俯视孩子身上的缺点和不足。我们要明白一个道理，孩子只要扬起头颅，也能看到我们身上的缺点和不足，只是他们没有指责我们的资格而已。大家都应该用平等的心态去看待对方的问题，只有学会尊重对方、理解对方，才能以更加理性、平和的情绪去处理生活中遇到的各种问题。

当然，要想改变传统的教育模式，还有很长的一段路要走。我们可以一点点放手、一点点改进，学会把眼前的孩子当作一个独立的生命个体去对待。总而言之，多一分改变，就会多一分惊喜。

让孩子做选择，鼓励孩子说出自己的想法

作为父母，我们都想让自己的孩子听话懂事，成为一个人见人爱的乖孩子，可是有的时候，过于乖巧的孩子往往不够自信：当他受委屈的时候，他往往不敢跟父母表达自己的意见和建议；当他被小朋友欺负的时候，他也不敢大声制止对方的行为；当别人想要他心爱的礼物时，他连拒绝的勇气都没有。我想，这样的乖孩子每个家长都会心疼吧？因此，我们不要把孩子培养成一个逆来顺受的乖孩子，而是要允许孩子做自己的选择，并且鼓励孩子大声说出自己内心的想法。

程程小时候，我总是想把她培养成一个听话的孩子，但是直到

有一天，我亲眼看到了孩子之间的霸凌行为，突然觉得一个孩子身上也是需要铠甲的，我们可以不去欺负别人、伤害别人，但是在自己的利益受到损害的时候，至少要有勇气保护自己。

程程三岁那年，我们带她去游乐园玩耍，一个比她大三四岁的小姐姐走过来，想要跟她在一起玩。刚开始，程程觉得有姐姐陪自己玩耍，是一件非常开心的事情，所以姐姐说玩什么，她就跟着玩什么。可是，过了一会儿，我发现这个姐姐跟她说话的语气和态度并不友善，甚至有点儿趾高气扬，比如，她问程程："你知道3加5等于多少吗？"刚刚三岁多的程程只认识简单的数字，并不会计算加减法，所以她尴尬地摇了摇头，结果姐姐一把推开她，并且笑话她说："你这么笨，不能玩这个算盘了。"我看到程程有些委屈地撇了撇小嘴巴，但是为了跟姐姐一起玩耍，她很快收起了自己的委屈，然后两个人一起去滑滑梯。因为年纪小，她的动作难免有点儿笨拙，所以滑下来的速度不是很快。紧接着，那个姐姐从上面飞速滑下来，直接把程程从滑梯底下推过去说："你太慢了，这个滑梯也不适合你滑。"连续被推了两次之后，原本还想努力克制情绪的程程终于忍不住低声哭了出来。我和先生看到之后，赶紧把程程拉到一边，跟她说："宝贝，如果你不喜欢跟这个姐姐玩的话，你可以大胆说出来，没有关系的。"

经历了这件事情之后，我和先生意识到一个问题：这个世界上每个人的性格都不同，不是说你愿意以善良对待别人，别人就会以同样的善良回报你。大人的世界如此，孩子的世界也是如此，你想要在一个人际圈子里立足、生存，就首先要让自己成为一个独立的个体，要有自己独立的思想，而不能失去自我，太过于迁就别人的想法。

发生在程程身上的这件事，让我开始反思自己平时的教育方式。我总是教育程程要多理解别人，多迁就别人，但是我却忽略了她也是一个有独立思想的生命个体，她的想法和选择也同样应该获得别人的尊重，没必要太过委屈自己。因此，在以后的生活和学习中，我和先生达成了共识，在一些平常的小事上，我们都要鼓励程程自己学会做选择，鼓励程程大胆表达自己的想法。

我曾经看到一个家庭教育的案例。一位父亲在和女儿玩耍的时候开了一句玩笑，女儿可能感觉不舒服，非常伤心，紧接着还发起了脾气。接下来，这位父亲的做法却让人深感意外。这位父亲看到发脾气的女儿，不仅没有去呵斥她、压制她，反而蹲下来紧紧握着孩子的双手，双眼平视着孩子，耐心地跟孩子说："爸爸只是在跟你开个玩笑而已，你有时候也会跟爸爸开玩笑，爸爸也没有生气。

但是，如果你感觉这个玩笑让你不舒服了，你一定要把不舒服的情绪表达出来，不要让它们憋在心里，如果憋得时间久了，肯定会出问题的。”

“把你的情绪表达出来”或“把你的想法表达出来”，是一种很重要的教育方法，孩子在说出自己内心想法的过程中，不仅释放了内心的负面情绪，还学会了独立表达自己的意见，这样的孩子一般很少被负面情绪困扰，而且往往能勇敢地做好自己。

有的父母会存在这样的困扰，说自己也曾主动告诉过孩子，有什么样的想法可以说出来啊，但孩子就是不愿意说。我想，这可能跟双方平时的沟通习惯有关系，如果平时的交流沟通不够顺畅的话，父母再鼓励孩子，孩子也会出于某种顾虑，不敢说出自己的想法。这时，父母就要好好反思，自己平时跟孩子交流沟通时，是否存在以下两方面的问题。

1.总觉得孩子的想法很幼稚

有时候，孩子好不容易鼓足勇气跟你说出了内心的想法，然而得到的不是你的理解和鼓励，反而是你的嘲笑。程程小时候喜欢画画，有一次她附在我耳边悄悄地告诉我，长大了想当一个画家；后来她开始学弹钢琴，在看了郎朗的几段钢琴演奏视频之后，悄悄地告诉我，她以后想要成为像郎朗一样的钢琴家；她玩旋转木马的时候，很羡慕在那里刷卡的阿姨，因为只要阿姨一刷卡，孩子就能进去玩旋转木马，她觉得阿姨的权力很大，所以她又想长大以后成为游乐园的管理者。程程在说这些理想的时候，我并没有嘲笑她的幼稚，而总是充满期待地对她说："真的啊，那你就好好努力吧，我觉得你没问题。"

程程到现在仍然愿意跟我分享一切小秘密和天马行空的幻想，一个很重要的原因就是，她的任何想法在我这里都可以得到热情的回应。

2.无论大事小事，全部替孩子做决定

生活中的小事情，能帮助孩子养成独立做决定的好习惯。我建议家长们在一些无关原则的问题上，放手让孩子自己做决定，给孩子一个独立成长的空间。有的父母总是对孩子管控太严格：孩子走路的时候，害怕孩子走路摔跤；孩子跟别人玩耍的时候，又担心孩子不能跟小朋友愉快地相处。于是，他们总喜欢事无巨细地照顾孩子，弄得孩子碰到芝麻大点儿事，第一时间都要跑来找父母商量，完全没有自己的独立想法。

有一次，北京海洋馆举办一个活动，孩子可以在海洋馆单独住一晚上，还可以和其他小朋友一起参加一些海洋馆的活动项目。程

程爸爸把这个活动告诉我，然后叮嘱我，在接程程放学时，一定要先问问程程的想法，一切以孩子的意愿为主：如果她愿意去的话，我们就支持；如果她不愿意去的话，我们也不勉强。平时，在一些无关原则问题的小事上，我们已经养成了这种交流习惯，把选择权交给程程，让她自己去决定，我们做父母的只是支持她、配合她就可以了。但有一点，我们应该提醒孩子，他自己做的决定就要独立负责到底。

尊重孩子的隐私，才是为人父母的智慧

在传统观念里，小孩子是没有隐私的，孩子是父母的“私有物品”，即便孩子有了什么小秘密、小隐私，作为父母的我们，也是应该有知情权的。因此，我们常见的一个场景就是，妈妈们在一起聊天，这个妈妈说“我儿子今天又尿床了”，那个妈妈说“我家孩子又被他爸爸揍了一顿”……妈妈把孩子的隐私当作非常有趣的谈资，拿出来跟其他妈妈分享，却不知道这样的行为会让幼小的孩子感觉非常不舒服。尽管孩子不懂得隐私的概念是什么，但是我想，这种以隐私作为笑谈的方式，已经给他们的心灵造成了严重的伤害。很多孩子在长大之后，依然能够清晰地记得小时候妈妈把自己的隐私分享给其他阿姨时，大家笑得前仰后合的情景，却没有人注意到一旁的孩子早已尴尬得恨不得找个地缝钻进去。

网上有一个视频，讲述的是一个6岁的小女孩“声讨”自己的父母，她问父母明明已经答应不会把她洗澡的照片上传到网上，可是后来为什么不经过她同意却把她洗澡的照片发布在网上呢？除此之外，女孩的父母还把她成长过程中的其他照片都发到了网上，让别人去浏览。这个小女孩说，她觉得这种行为让自己感到非常难过。

小女孩的抱怨，可能在很多父母眼里是小题大做，没什么大不了的。但是站在孩子的角度，我们要尊重孩子的心理感受，孩子如果觉得父母的这种做法伤害了他的自尊，那么父母应该做的就是反思、道歉，杜绝这样的行为，而不是把孩子的抱怨当作耳旁风。

接下来我们来分析，父母喜欢偷看孩子的隐私背后究竟有什么样的心理动机。

1.想要掌握孩子的一举一动

有些焦虑的父母，他们需要通过掌握孩子的一举一动来缓解自己内心的焦虑：孩子白天去学校，他们担心孩子有没有认真上课，有没有认真做题；孩子跟别的同学出去玩，他们担心孩子有没有危险，会不会做一些坏事；孩子最近的行为有点“鬼鬼祟祟”，他们会担心孩子有没有早恋，有没有把心思放到学习上。总而言之，在看不见孩子的时候，他们会急得抓耳挠腮，迫切想要掌握孩子的一举一动，于是翻抽屉，看日记，翻看孩子的通话记录、微信记录就成了他们掌控孩子的主要方式。

2.想了解孩子的心理状态

有些父母和孩子欠缺顺畅的沟通，孩子无论有什么心事或想法都不愿意与父母沟通，在这种情况下，父母就想通过翻看孩子日记或者聊天记录的方式来了解孩子的心理状态。有些父母的确通过孩子的日记发现了孩子早恋的倾向，然后便跳出来，苦口婆心地劝导孩子，想让孩子迷途知返，悬崖勒马。但是，父母偷看孩子隐私的做法，对孩子所造成的伤害也不容忽视。

首先，偷看孩子隐私，在孩子看来，无异于在大庭广众之下将自己扒个底朝天，这会给孩子带来强烈的羞耻感，一些自尊心比较强的孩子极有可能会因为隐私的泄露而对父母产生仇恨心理。其实，每个人都有自己的隐私和秘密，我们大人也是如此，换个角度想，如果自己最羞于见人的隐私被别人曝光了，那你将是什么感受？肯定难堪得恨不得找个地缝钻进去。而且，当你面对那个把你的隐私公之于众的人时，你还能推心置腹地与他做朋友吗？一个偷窥孩子隐私的父母，在拉开孩子抽屉的那一瞬间，就不要心存侥幸，想着孩子以后能理解你的苦衷和好意，而要做好心理准备，从你偷看孩子隐私的那一刻开始，你与孩子再和谐的亲子关系都将被打破。

其次，偷看孩子隐私的父母，会与孩子产生严重的信任危机。从此以后，孩子做任何事情，都会瞒着你。从这个角度来说，父母偷看孩子隐私的行为，无异于南辕北辙，因为很多父母打着“为孩子好”的旗号在偷看孩子的隐私，原本是想要了解孩子的心理状态，生怕孩子隐瞒什么“危险”的想法，结果当你做出偷看行为之后，孩子与你之间存在的信任关系就会遭到破坏。从此以后，孩子会用更为隐秘的方式来保护自己的隐私和秘密，对你彻底封闭，今后你想要了解他的任何想法和动态都很难了。

正是考虑到这些严重的危害，我在和女儿相处时，总是时刻提醒自己，要尊重女儿拥有隐私的权利和自由，这是作为独立的生命个体应该获得的最起码的尊重和理解。女儿7岁半，刚上小学二年级，上学之前，我买了一个漂亮的日记本作为礼物送给了她，然后告诉她，这个本子送给你，以后你如果碰到开心或者伤心的事情，都可以把它们记录在这个本子里，爸爸妈妈向你保证，我们永远不会看你这个本子里的秘密。

过了一段时间，女儿大大方方地把这个日记本拿过来给我看，我说：“妈妈不看，你自己记录下来就好。”结果女儿非要拿给我看，我抬眼一看，原来日记本里记录的都是女儿外出旅游的所见所闻，压根没有任何隐私和秘密。我明白，在女儿小的时候，她愿意与我分享她所谓的“小秘密”，是因为她把妈妈当成了一个知心的好朋友，但是随着她慢慢长大，日记本里所记录的内容也会越来越隐秘。但无论如何，我和孩子爸爸都不会随意翻看孩子的日记本，因为她像我们大人一样，也需要一个可以保护自己隐私的独立空间。

我建议大家不妨主动送给孩子一个日记本，然后大大方方地告诉孩子：从今天开始，你就是个小大人了，你的任何隐私和秘密都可以安全地存放在这里，爸爸妈妈向你保证，永远不会偷看它。等孩子长大之后再回想起这段经历，将会感激你对他的包容和理解。

信任的建立，需要长时间的积累和维护，但是摧毁信任，却可以在朝夕之间，我们千万别亲手去摧毁我们和孩子之间好不容易才建立起来的信任感。再者，中国有句俗话，叫作“己所不欲，勿施于人。”孩子和我们一样，都是独立的生命个体，我们如果希望被尊重、被理解，希望自己的隐私被好好地保存在我们的内心深处，那就不要做伤害孩子尊严的事情。

当面斥责，容易摧毁孩子的自尊心

再小的孩子都有自尊和面子，父母千万不要觉得孩子还小，就可以当着众人的面肆无忌惮地指责孩子。父母当众斥责孩子，性格比较开朗的孩子可能会跟父母顶几句嘴，这事就算过去了，但对于一些性格比较内向、偏执的孩子，父母当众斥责他们，可能会让他们心生怨恨，郁郁寡欢。我们在指责孩子的过错时，最好把孩子带到一个没人的地方，注意保护孩子的自尊心。

2020年9月，武汉一名初三的学生在学校和两个同学打牌，被老师发现，老师要求家长来学校配合管教孩子。孩子的妈妈来到学校之后非常生气，于是就在走廊里扇了孩子两个耳光。结果，妈妈转身走后，不到3分钟的时间，孩子就从护栏上一跃而下，当场死亡。

这个画面让人非常心痛，一个正值青春年华的孩子，就因为被妈妈当众抽了两个耳光，就跳楼轻生了。我想，不需要别人指责什么，这位妈妈的余生恐怕都要在懊悔与自责中度过。同为母亲，我能够理解这位妈妈对儿子的“恨铁不成钢”，但是作为父母，我们应该有一个最基本的原则和底线，那就是尽量不要在公开场合斥责孩子，因为一时的情绪发泄也许会让父母感觉舒服一点，但是当你伸出手的那一刻，孩子的尊严和脸面荡然无存，他的精神世界或许也会彻底崩塌。

下面，我们就来一起聊一聊，当众斥责孩子究竟会带来哪些负面影响。

1.伤害孩子的自信心

当众斥责孩子，会让孩子感觉自己非常糟糕、差劲，差劲到父母竟然不顾场合，口不择言地斥责自己。很多时候，我们花费了很多时间和精力去维护孩子的自信心，就是为了让孩子变得阳光乐观、积极向上，但是摧毁孩子的自信心，却只要当众斥责他一次就够了。你在当众斥责他的时候，无异于向全世界宣布，这个孩子有多差劲、多糟糕。很多父母在当众斥责孩子之后，冷静下来，就非常懊悔自己之前的冲动行为，于是想办法给孩子道歉，可能会说：“妈妈对不起你，不该在外人面前那么凶你。”善良的孩子很有可能会接受你的道歉，但这并不意味着你对他造成的心理伤害能够全部抹去。在我看来，事后的补救，对挽回孩子的自尊心没有任何帮助，世界上有很多事情可以亡羊补牢，但伤害孩子自尊这件事很难补救。

2.让孩子失去自我反省的机会

父母当众斥责孩子，是希望孩子痛定思痛，深刻认识到自己身上的错误和问题，但可惜的是，父母却选择了适得其反的教育方式。当孩子犯了错误之后，如果你把他带到一个隐秘的地方，好好跟他沟通，孩子多少也能听进一些批评。但是，如果你当众斥责孩子，就会让孩子彻底失去了自我反省的机会。因为此时此刻，无论你的道理讲得多么深刻、透彻，在孩子眼里，都是对他的一种羞辱。他满脑子所想的只有一件事情，那就是“你为什么要这么对待我，让我当众丢脸，我讨厌你。”

3.严重伤害亲子关系

我们常说，尊重是相互的，如果你在外面知道给孩子留脸面的话，孩子也会给你留面子。相反，如果你不顾孩子的自尊心，当众斥责他，无异于亲手把孩子推到了你的对立面上。

我有个朋友，她平时对孩子非常温柔，也十分有耐心，可是有一天，她发现孩子对她隐瞒了真实的学习成绩，害得她空欢喜了一整天。当她从老师那里知道真相后，她顿时怒不可遏，全然不顾孩子的脸面，一把拎起孩子的衣领，将孩子拖到了餐厅外面，然后对着孩子大声斥责起来，引来无数路人围观。让这位朋友没想到的是，平时一向温和的孩子，面对妈妈的当众指责，突然像头发怒的狮子一样，一字一顿地吼道："我以后再也不会努力学习了！"经过这件事，这位朋友和儿子原本亲密无间的亲子关系受到了很大的影响，在相当长的一段时间里，朋友的儿子都不愿与她说话。父母千万要克制自己的情绪，即便再生气，也要按捺住自己的愤怒，不要当众斥责孩子。

有一天，程程的爸爸送她上学，在上学路上，爸爸觉得程程走路速度有点儿慢，于是就在路上指责了她几句，当时正值上学早高峰，女儿身边都是来来往往的同学和家长，爸爸的指责让女儿觉得很没面子，于是她就跟爸爸顶了几句嘴。当时着急上班的爸爸脾气也上来了，于是父女俩就在路边闹起了不愉快。

当天晚上回家之后，女儿跟我说起了这件事情，我能想象得到，周边全是同学和家长，爸爸这样当众指责女儿，女儿会感觉非常没有面子。女儿说，她当时跟爸爸顶嘴也是下意识的反应，只是想要给自己挽回一点点面子而已。后来，我把父女俩拉到一起，先告诉程程，以后走路尽量快点儿，因为爸爸送完她之后，还要赶去上班，时间非常紧张，希望女儿能理解爸爸急躁的心情。然后我又委婉地告诉孩子的爸爸，今后遇到这样的事情，最好不要在公共场合批评孩子，如果实在忍不住，可以悄悄在女儿耳边提醒一下，或者等晚上放学回来之后再跟她好好沟通，这样的教育效果会好很多，孩子也不会因为面子当众跟他顶嘴。

作为普通的爸爸妈妈，我和先生不可能永远保持理性和温柔。有时候程程在外面做错了事情，我和先生知道之后也会非常生气，但无论多么生气，我们顶多给女儿传达一个默默指责的表情，用眼神提醒她要注意自己的言行举止，但绝对不会当着外人的面，大声斥责她。

在我们的影响下，程程一般在公共场合都会比较尊重其他孩子。有时候，她明显看出有些小朋友的行为不当，却能克制住自己的情绪，不去当面指责小朋友。回家之后，她再偷偷地把她的想法告诉我，比如，她会说："妈妈，我觉得那个小朋友的做法不对，她怎么能随地扔垃圾呢？"听完程程的想法，我会趁热打铁地引导程程：“随地扔垃圾的行为当然不对，程程能有这样的思想觉悟值得表扬，更值得表扬的是程程能照顾小朋友的面子，没有去当面指责他，这种做法非常正确。”

尊重从来都是相互的，我们想要得到孩子的理解和尊重，首先就要学会去理解和尊重孩子。还是之前的那句话，我们要把孩子当作一个独立的生命个体去对待，把他放在和我们大人平等的位置上，用平等的眼光去审视孩子。同时要时刻提醒自己，己所不欲，勿施于人，如果自己不想被别人当众斥责，颜面尽失，那么也请你保护好孩子的自尊心，在公众场合给孩子留点儿脸面和自尊，相信孩子会对你的理解和包容充满感激的。

培养独立人格：不包办、不溺爱、不纵容

很多教育问题，说到底其实就是度的问题，把握好合适的度，用这个度来审视自己的行为，用这个度来衡量孩子的行为，那么你养育出来的孩子，最终也会成为一个张弛有度的孩子，他的行为举止一般不会有太多出格的地方。培养孩子的独立人格也是如此，你既不能大包大揽，包办他的一切事情；也不能过分溺爱，让他失去独立生活的能力；你可以很爱很爱他，但却不能太过纵容他，让他不知道正确的行为界限在哪里。总而言之，要想培养孩子独立的人格，我们在教育孩子时，就要时刻记住三句话：不包办、不溺爱、不纵容。

我有个亲戚，她的女儿当年以高分考入清华大学金融系，毕业后进入一家银行，工作稳定，收入可观，让人非常羡慕。我第一次见到这个女孩的时候，发现她言行举止非常得体，自信又阳光，和人相处起来也非常融洽。这个女孩其实是个独生女，父母收入不错，给她提供了比较富裕的物质条件，一般而言父母对独生女儿都比较宠溺，但在她的家里，却是例外。

据我所知，女孩的父母从小对她的教育非常严格。她6岁那年想学小提琴，爸爸妈妈便送给她一把小提琴，给她请好老师，然后告诉她，从现在开始，你就要认认真真把它坚持下去，不要喊苦，也不要喊累。在学习上，父母对她同样要求严格，偶尔女孩看电视忘了时间，她的妈妈只需要提醒一下，女孩就会主动关掉电视，到书房去学习。长大之后，女孩想学金融，父母就支持她的想法；毕业后，她想去南方工作，父母也没有太多干涉；她在大学谈了一个男朋友，男朋友的老家跟她老家相距很远，她的父母听说之后，认为男方的人品、能力各方面都不错，也就尊重了女儿的选择，没有横加阻拦。

我觉得女孩父母的教育方式非常开明，他们从小就非常注重培养孩子的独立人格，做什么事情都尊重女儿自己的选择，也相信女儿有能力处理好这些事情。平时对女儿的关心也张弛有度，知道分界线在哪里，从来不包办孩子的任何事情，也不过分溺爱孩子，最终把女孩培养成了一个性格乐观、自信，人格也非常独立的孩子，让孩子拥有了美好前程。

怎么看出这个女孩非常独立呢？因为她来北京找实习单位的时候，刚开始没有找到合适的房子，就暂住在我们家里。她每天早早出门面试，去找合适的实习单位，找到实习单位之后，她又独自找到了一个离实习单位很近的公寓，跟房东谈价钱、签合同，几乎所有的事情都是她自己独立完成的。等办好所有的事情之后，她只是让我和先生帮忙把她的行李送过去就可以了。她的独立，让年长她十多岁的我都非常佩服。

而我另外一个亲戚的女儿和她同岁，但是相比之下，两个人的行为表现简直有着天壤之别。这个女孩大学毕业之后，想考北京的研究生，她的妈妈第一时间在北京帮她租好房子，请好老师，然后放下工作，亲自来北京照顾女儿的衣食住行。结果半年之后，女孩觉得考研太辛苦，决定放弃考研，又回到老家，在父母的帮助下找了一份工作，工资不高，凑合养活自己。后来，听说女孩想考公务员，可是又因为难考而中途放弃。再后来，女孩又想来北京读MBA，提升一下自己的学历，结果也是不了了之。

我们常说性格决定命运，一个拥有独立人格特质的孩子，在他成长的道路上似乎也比其他人拥有更多的好运和机会。但仔细想想，这样的孩子之所以会比别人多一些好运和机会，其实恰恰是因为他的父母在他小的时候，就非常注重培养他的独立人格，不包办、不溺爱、不纵容，让他可以在生活的风雨里乘风破浪，游刃有余。

我现在有了两个可爱的女宝，在养育女儿时，我时刻提醒自己，千万不要溺爱孩子、纵容孩子。一时的溺爱和纵容会让孩子感觉非常幸福快乐，但是从长远看来，其实弊远大于利，因为孩子终究要脱离父母的视线，走进学校，进入社会，开始自己的人生。等他将来进入社会，别人不可能像父母那样去溺爱他、纵容他，包办他的大小事宜，与其让他在社会上处处碰壁，被撞得鼻青脸肿，还不如从他小的时候开始，就让他多吃点儿苦头，让他变得独立一些。先苦后甜，终究要比先甜后苦要好得多。

接下来，我想跟大家聊一聊，具体如何去培养孩子的独立人格。

1.不包办孩子的所有事情

我们可以包办孩子的一时，但却包办不了孩子的一生。父母应该像雄鹰养育小鹰那样，适时把它推下悬崖，让小鹰学着自己去飞上天空。孩子在成长的过程中，会遇到许许多多的困难和挑战，在一些可以放手的事情上，父母就应该狠下心来，学会放手交给孩子自己去处理事情，我们要相信孩子在跌跌撞撞之后，终究能够长大。在孩子小的时候，尽量让孩子自己收拾书包，自己安排学习，自己整理书桌和衣柜，等孩子长大一点儿，让孩子学着独自过马路，自己上下学，自己去图书馆看书，自己处理自己的学习和生活。在长期的积累之下，终有一天，孩子能独立地选择自己的专业、学校、配偶和自己的人生。

2.可以爱，但绝不溺爱

像美国石油大王洛克菲勒那样的富商，都不溺爱自己的孩子，而是选择让孩子从小努力学习，长大努力开拓自己的事业。作为普通父母的我们，更应该保持清醒的头脑，可以爱孩子，但绝不要溺爱孩子，因为我们没有能力让全世界的人都像我们那样去爱他、骄纵他。如果我们把他们培育成温室里的花朵，那么等他进入社会后，一见风雨立刻就会被打得落花流水。生活中有些父母，自己可以穿不好、吃不好，但也一定要省吃俭用，给孩子提供最好的物质条件，这种溺爱式的养育方式，不仅不会让孩子学会感恩，还会把孩子养成一个只会贪图享乐的寄生虫。

3.可以给孩子自由，但不能放纵孩子

在游乐场里经常能看到一些孩子，像小霸王一样呼风唤雨，要什么就得有什么，得不到的时候，身后的父母和爷爷奶奶就出面帮他争抢。有一次，一个孩子的奶奶问我："孩子就应该释放天性，是不是？"我看着她那被骄纵的像个小皇帝一样的孙子，不置可否地笑了笑。释放天性没错，但应该在规则和底线的框架之内，释放天性的前提是，你得知道自己的行为界限在哪里，有没有能力控制好自己的言行举止，不让自己的言行举止去伤害别人的利益。

自由不等于放纵，我们可以给孩子一些自由选择的权利，可以尊重孩子的想法和意愿，但这并不意味着我们可以没有原则地放纵孩子。一个没有边界感的孩子，一个总是放纵自己的孩子，通常都很难有持久的专注力，也缺乏吃苦耐劳的精神。比如，当他想睡懒觉的时候，他就会赖在床上不起来；当他觉得学习辛苦的时候，他就会赖在电视跟前不动弹；当他觉得工作辛苦的时候，他就会赖在你的"怀抱"里，理所当然地啃老。

易卜生说，世界上最坚强的人，就是独立的人。没有什么比给孩子一个独立的人格更重要的了，包办、溺爱和纵容的教育方式，只会将孩子推向独立的对立面且越来越远。

第 3 章
高质量的陪伴胜过朝夕相处

要知道，陪着并不等于陪伴。陪孩子时刷手机、玩游戏这些行为都是无效的陪伴方式。我们在陪伴孩子时，应该多与孩子交流互动，让孩子发自内心地感觉到，有父母的陪伴是一件幸福而快乐的事情。

高质量的聊天，也是很好的陪伴

我们陪伴孩子时，不可能亲子双方相对无言，总得找点儿话题来聊一聊，这时候，父母的聊天技巧就显得非常重要了。一个具有高情商、高情绪价值的父母会想办法调动孩子的交流意愿，从而更好地增进亲子关系。

作为家里最小的女儿，我和妈妈的关系非常亲近，从小我就养成了跟妈妈聊天的习惯，这个习惯一直保持到现在。直到我成为两个孩子的妈妈，也依然喜欢与妈妈聊天交流，即便现在我和妈妈相隔千里，也会通过打电话或者视频聊天的方式进行交流。成为妈妈之后，我希望我的两个女儿也能把我当作一个很好的聊天对象，我希望她们能够跟我无话不谈，亲密无间，永远把我当作一个可以交心的好朋友。

孩子小的时候，我并没有什么聊天技巧，只是告诉自己，无论孩子问什么样的问题，跟我聊什么样的话题，我都要表现出浓烈的兴趣，鼓励孩子把话题进行下去，所以程程无论遇到什么事情都愿意第一时间跟我交流、分享。

程程上幼儿园和小学时离家的路程步行大约需要20分钟，我看到很多家长会选择骑自行车、电动车，坐公交或者开车的方式去送孩子。但在我们家，除非遇到恶劣的天气情况之外，我和程程的爸爸一般都愿意步行陪程程一起去学校。在大家都有时间的时候，我们经常一家三口一起去学校。在这20分钟的路途中，我们会跟程程聊天，或者带程程背一首经典古诗，我们之间亲子互动非常好，那种无话不谈的感觉非常棒。小女儿希希现在刚刚一岁多，等她上幼儿园时，我们也打算每天步行送她去上学，像陪伴她姐姐那样，慢慢陪她长大。

据说，美国前总统奥巴马的夫人米歇尔，每天晚上临睡前都会跟两个女儿一起躺在床上聊聊天，那种无话不谈的聊天氛围，让彼此都感觉非常幸福。

随着孩子日渐长大，漫无目的的聊天，可能在孩子看来会逐渐地变得索然无味，作为妈妈也需要根据孩子的成长，让自己的聊天能力变得越来越强。我一直在苦苦思索着如何去改善自己的聊天方式，直到有一天我发现了“海沃塔”聊天法。“海沃塔”聊天法是犹太精英家庭中，父母与孩子所采用的聊天方式，这种聊天方式不是漫无目的地聊一些生活琐事，而是有目的地在固定的时间与孩子就一些特定的问题进行深入探讨。“海沃塔”的英文原文是fellowship，即伙伴关系，意思是父母要放弃父母的身份，把自己当作孩子的伙伴，和孩子一起，通过提问、回答、对话、讨论来学习和表达某个问题。

下面，我以和女儿程程的对话为例，为大家详细介绍一下“海沃塔”聊天法是什么。

有一天，程程跟我说，她很喜欢小狗，想在家里养只可爱的小狗。这种情况下父母通常的回答方式是“可以”或者“不可以”，但是根据“海沃塔”聊天法，这种情况下我们就没必要直接把答案告诉孩子，而应该把孩子视为平等的伙伴关系，大家一起就“是否应该养狗”这一话题进行深入的讨论。这里，我们一起来探讨，应该如何将这一话题更好地推进下去。

1.提问

当程程提出想要养狗的想法之后，我并不着急表达同意或者不同意，而是会给她抛出几个问题，比如“你为什么想养狗？”“狗每天得出去遛一遛，你有时间吗？”“狗从外面回来脏兮兮的，需要每天洗澡，你有时间给它洗澡吗？”……把这些问题抛出来之后，程程从一开始的兴高采烈，很快陷入了沉默。

2.回答

过了一会儿，程程就我提出的这几个问题作出了详细的回答。她说：“我想养狗，是因为小狗特别可爱，我想每天陪它一起玩儿，等我放学回家之后，我会带它到公园遛一圈，如果它回来需要洗澡的话，我愿意给它洗澡。”

3.对话

听完女儿的回答，我似乎再也找不到反驳的理由了，但是我觉得我和女儿似乎就养狗的问题，还没有进行深入的探讨，于是我们开始了这样一段对话。

“小狗的确非常可爱，但是你知道吗？它每天都会撒尿、拉屎，它有可能拉在你的卧室里，拉在餐桌下面，它随时随地都可能撒尿、拉屎。你愿意每天为它清理粪便吗？”我问程程。

“哎呀，这么脏，”程程的语气里明显带了一点儿嫌弃，因为她是一个很爱干净的女孩，有时候妹妹在拉屎，她都走得远远的，“但我们可以训练它。”

“不是每只狗都可以被训练好，万一训练不好呢？那你愿意亲自清理它的粪便吗？”

“妈妈，你可以帮忙吗？”程程想了想，说道。

“妈妈可能没有时间，妈妈有工作要做，要照顾你和妹妹，有时候还要做饭，再说，不是你想养小狗的吗？”

“那我愿意帮它搞卫生。”对于没有放在眼前的困难，小孩子一般都选择盲目乐观。

“那好，还有一个问题。每年我们全家都要一起出去旅游一两次，住酒店无法带狗，那怎么办？”

“商场不是有宠物商店吗？我们可以花钱把小狗放在那里。”程程跟我去过好几家宠物店，她知道可以花钱把小狗寄养在那儿。

“把小狗寄养在那里，花钱不说，小狗还很伤心，因为它觉得跟我们是一家人了，结果我们出去游玩，却把它扔在一个陌生的地方，你觉得这样做好吗？”

程程是一个非常重情义的孩子，她有一只从小抱到大的玩偶熊猫，哪怕临时出去住一晚上酒店，她都会带着玩偶一起出去，从来没有把那只玩偶单独留在家里过夜。

在这种情况下，聊天似乎陷入了僵局。

4.讨论

后来，经过我和程程的反复讨论，我们都认识到，在家里养一只宠物狗，似乎是一件不太现实的事情：我和她都没有时间；小狗在楼房里活动起来也不方便，每天遛狗，天天坚持非常困难；清理小狗的粪便或者给小狗洗澡，也不是件容易的事情；而且每年出去旅行时，把小狗放到哪里依然是一个很大的问题。

经过讨论，程程最终放弃了在家里养狗的想法。虽然我们没有在家里养狗，但是经过这些讨论，我知道女儿养狗的意愿非常强烈，不能在家里养狗对她来说是一件非常遗憾的事情。

知道她的想法之后，我告诉女儿，每年暑假回老家时，我们可以从她舅姥爷家抱一只小狗回来让她养几天，因为她舅姥爷非常喜欢养狗，家里有好几只狗。不过，每天带小狗出去玩、清理粪便、洗澡，这些事情全得由她来负责。听完我的建议，程程开心地跳了起来，而我也说到做到，暑假回家，程程和她的表哥、表弟都在老家，我委托爸爸妈妈去舅舅家抱回了一只小狗。这只小狗在家里待了10天之后，我又从姐姐家抱来了一只刚出生的小松狮，在家里寄养了一周。

每天，做完作业之后，程程和表哥、表弟都会一起带着小狗玩，给它洗澡、喂它喝奶，我还带着他们三个人一起去宠物店给小狗买了玩具和狗粮，程程每天都感觉特别开心。

我用“海沃塔”聊天法跟程程进行了一场非常有意义、有深度的聊天。通过这次聊天，程程对养狗这件事情有了全方位的认识，她对事情的认知思维方式也有了很大的提升，不像从前那样只会简单地表达“我想要”“我希望”。而我也通过“海沃塔”聊天法，了解到了女儿内心的真实想法。通过深入的探讨和了解，我们对一件事情有了一致且深刻的认识，而且拉近了彼此之间的心理距离，这真是一个一举多得的好事情。

不过，要注意的是，采用“海沃塔”聊天法时，我们要多听听孩子内心的想法，不要只顾着表达自己的想法，同时要确定好聊天的主题，不要聊着聊着就扯到了另外一件事情上。而且，在聊天的过程中，我们要鼓励孩子去开拓自己的思维，多找一些能够支撑自己想法的证据和例子，借机培养孩子良好的思维能力。总而言之，聊天也是讲究技巧的，高质量的聊天也是陪伴孩子的好办法，大家千万不要忽略了这件事情。

陪着≠陪伴，5种常见的无效陪伴

大家听说过“隐形人”吧，就是对方站在你的面前，你却看不到他，这种人经常出现在科幻电影里，但其实在现实生活中，我们做父母的很多时候也在扮演着“隐形人”的角色。有的父母愿意花大量的时间陪伴孩子，但是仔细观察，就发现他们并没有在认真地陪伴孩子。比如，孩子玩游戏的时候，他们坐在旁边刷手机玩；孩子找他们讲故事，他们就打开手机让孩子自己听故事；孩子遇到不会的题目跑过来问他们，他们却说：“你把这些记下来，明天到学校好好问问老师。”如果陪伴方式是以上这些的话，那么严格来讲这只是陪着而已，而不是真正的陪伴。

网上经常有一些有关爸爸带孩子的搞笑视频，记录者大多是妈妈。在妈妈的镜头下，有的爸爸把孩子夹在腿上，一边看孩子一边打游戏；有的爸爸把孩子放在客厅里，然后任由孩子摸爬滚打，结果把奶粉撒了一地；有的爸爸为了省事儿，则会选择和孩子一起看电视，这样不费吹灰之力就能看着孩子。

说完爸爸的表现，接下来我们再看一些妈妈的表现，有些妈妈觉得陪伴就是陪在孩子身边，不让孩子发生危险就可以了。只要孩子身边有小朋友跟他一起玩耍，或者孩子暂时不来打扰自己，那么这些妈妈就会以最快的速度掏出手机，找一个安静的角落，坐在那里刷手机。这些妈妈的做法，虽然不像前面视频中那些爸爸的行为那么夸张，但是从本质上而言，这两种陪伴方式都是一种无效的陪伴，它并没有给孩子带来高情绪价值，也没有让孩子感受到轻松愉快的亲子氛围。

无效的陪伴方式，既浪费了父母的宝贵时间，也没有让孩子感受到真正的快乐，还会让孩子产生一种错觉，以为自己在父母的心里是无足轻重的，既比不上爸爸手机里的射击游戏，也比不上妈妈手机里的搞笑视频。

接下来，我们就一起来看看，生活中常见的无效陪伴方式有哪些吧。

1.身在曹营心在汉

前面已列举了一些例子，如爸爸妈妈在陪伴孩子的时候，眼睛很少离开手机，呈现出典型的“身在曹营心在汉”的陪伴特点。这种陪伴方式虽然不会给孩子带来太大的心理伤害，但父母所扮演的角色，跟我们前面提到的“隐形人”差不多。在孩子的眼里，你坐在那里或不坐在那里，坐了多长时间，其实都没有太大的意义，因为你并没有参与到孩子的玩耍或学习中。

我有个朋友，特别爱他儿子，爱到每天一到下班时间，就收拾东西准备回家。但据他爱人讲，他的人是回来了，但心却永远停留在手机屏幕上。每次一吃完饭，爸爸就把儿子带出家门，自己找个小凳子一坐，就开始低头刷手机，然后让孩子自己去找其他小朋友玩。在这个过程中，无论儿子过来找他说什么，他都一脸不耐烦地说“随便你”。孩子的妈妈说，虽然爸爸陪伴孩子的时间最长，但孩子跟爸爸的关系却很糟糕，因为爸爸很少愿意跟孩子一起玩耍。

2.一招鲜，吃遍天

有的父母认为，陪伴孩子的目的就是看护好孩子，不要让孩子哭闹就可以了。于是，这些父母找到了一个陪伴孩子的妙招，那就是把孩子完全交给电视，让电视里的动画片陪着孩子，可谓“一招鲜，吃遍天”。事实证明，这种陪伴方式既简单又省事，只要父母把电视打开，把遥控器塞到孩子手里，孩子想看什么就看什么，想看多久就看多久，这样孩子就会安安静静地坐在那里一两个小时，也不会过来打扰父母玩手机，可以说是一举多得的事情。

这种陪伴方式从短期来看的确最为省时省力，但从长远来看，其实对孩子的危害很大。因为孩子长时间看电视的话，既有可能损伤孩子的视力，也有可能让孩子患上可怕的“电视综合征”，具体表现为：对电视上瘾，一看就是几个小时；对周围的人漠不关心，排斥与人交往；喜欢做一些行为上的模仿，尤其是模仿电视中打打杀杀的暴力行为等。因此，这种陪伴方式不仅是无效的，还有可能对孩子的身心健康造成一定的损害。

3.一问三不知

好问是孩子的天性，父母陪在孩子身边时，经常会对这样的问题感到头疼，那就是孩子会不停地跑过来，问父母各种天马行空的问题，比如“大象能打过狮子吗？”“大象能打过鳄鱼吗？”面对孩子的头脑里随时可能蹦出来的各种奇怪问题，很多爸爸妈妈都会感觉有些不耐烦，但又觉得直接拒绝的方式不太恰当，在这种情况下，父母便会选择一种委婉的拒绝方式，比如，他们通常会说：

“我不知道，回头问问老师吧。”如果妈妈在身边，就可能这样拒绝孩子：妈妈也不知道，要不回头问爸爸吧。如果爸爸在身边，可能这样说：爸爸不知道，要不回头问问妈妈吧。

孩子的问题被当作一件麻烦事，被父母委婉地避开了。这样的父母根本没有意识到，自己避开的不只是孩子问的那个问题，还有孩子跟自己沟通的积极性和主动性。等孩子长大之后，会有朋友，也会有心事，等到那时你再想了解他都交了哪些朋友，每天都在想些什么的时候，他却不愿开口与你沟通了。因为你用自己的行为方式告诉了孩子一个事实：与人沟通是一件非常麻烦的事情，当你不想回答问题时，只需要用敷衍的态度逃避过去就可以了。

4.把孩子当出气筒

一些情绪价值低的父母，遇到工作上的烦心事，不会用正确的方式释放负面情绪，而是把这些压力和消极情绪通通带回家。这些父母在陪伴孩子的时候，会在无意之中把孩子当作自己的出气筒，当他们生气的时候，他们看到孩子的一切行为都是可气的。

举个简单的例子，孩子在沙发上跳来跳去，像只小猴子一样敏捷，爸爸妈妈心情好的时候，会觉得孩子的行为非常可爱，但是当爸爸妈妈生气的时候，就会觉得孩子的行为非常不懂事，等心里的怒火上来后，随时就会对孩子一通怒骂或吼叫。这种把孩子当作出气筒的陪伴方式，比前面几种陪伴方式更糟糕。因为这会让孩子处于一种惊恐不安、小心翼翼的状态中，随时随地要观察父母的脸色是否正常，这样的亲子相处方式会让孩子感觉非常压抑。在这种情况下，孩子宁可自己独自玩耍、学习，也不想让父母陪在自己身边，因为谁也不知道一个情绪多变的父母，接下来会做出哪些可怕的行为。

5.话痨式陪伴

有些父母喜欢唠叨，一逮着孩子在身边就忍不住唠唠叨叨，同样的事情甚至能重复三遍以上。我有个朋友总是担心孩子的学习，一逮着机会，就会跟孩子讲各种好好学习的大道理。无论是带孩子去游乐场的路上，去公园的路上，还是在孩子洗漱睡觉的时候，她都能找到机会，给孩子灌输好好学习的理念。在孩子眼里，妈妈的这种行为无异于“唐僧念经”，孩子不能从妈妈的唠叨里感受到丝毫的温暖和幸福，反而随时随地想要逃离妈妈的陪伴。父母应该珍惜难得的亲子时光，要么耐心陪伴孩子玩一个游戏，要么陪伴孩子读一本有趣的故事书，或者陪孩子开开心心地聊天，而不要唠叨个不停。

总之，父母最好的陪伴是参与孩子的游戏、聊天或学习，而不是以时间长短作为陪伴的指标，如果父母做不到高质量地陪伴孩子，那还不如把时间彻底交给孩子，让孩子自由自在地玩耍或学习。因为无效的陪伴方式不仅无法带给孩子快乐，还会对孩子的身心健康产生负面影响。

再不陪孩子，他就长大了

孩子在每一个成长阶段的经历都是独一无二的，你如果错过了他蹒跚学步的阶段，就再也无法找回这段时光；如果你错过了他第一次牙牙学语的阶段，那么这段时光是无法逆转的。对于父母而言，孩子的成长就像一次现场直播，错过了，你甚至连看回放的机会都没有。

女儿程程一岁四个月的时候，我和先生忙于工作，无法兼顾她，于是把她送到姥姥家待了两个月。在那里，有姥姥姥爷的陪伴，程程很快就忘记了我们，和表哥表弟在一起玩得很开心。但是在我和先生的记忆里，程程那两个月的成长经历是一段永远也无法弥补的空缺。我听程程的姥姥说，程程在吃到美食时，别人问她“好吃吗？”她会一边嘟着小嘴巴，一边开心地说：“好吃，好吃。”可是我却永远无法参与到那段时光里，看这个可爱的小姑娘开心地嘟嘴巴。

两个月后，当我再次见到程程时，她已经不是我记忆中那个蹒跚学步的小女孩了，她已经能稳稳当当地跑步，甚至还能简单说几个词语了，当然她的个子也长高了不少。我知道，她一岁四个月到一岁半的这段成长时光，我永远地缺席了。每每想起这段时光，我都有些心酸。

陪伴的本质并不是陪着而已，并不是你拿着手机坐在那里，看着孩子不摔倒就可以了，真正的陪伴是一种有效的亲子互动，只有父母和孩子建立起积极、有效的互动，孩子才能在父母陪伴的过程中获得轻松愉悦的心理体验。

心理学家认为，幼儿时期是儿童学习的重要时期，而学习最重要的方式之一就是游戏。父母作为与儿童共处时间最多的伙伴，应该每天抽出时间陪孩子玩各种各样的小游戏。在与父母做游戏的过程中，孩子会进入不同的角色，站在角色的立场上去探索自我感受，以及对方的感受。在孩子小的时候，你会发现，他具有强大的模仿能力，会跟着大人一起做运动，做各种搞怪的表情，但是他不具备共情能力，也不知道如何正确地控制自己的情绪以及表达自己的情绪。但是，在与父母互动的过程中，孩子能通过各种各样的游戏来锻炼自己的共情能力、语言表达能力等多方面的能力。孩子的心智就是在朝夕相处的亲子互动中变得越来越成熟。

有一次，我跟一个朋友聊天说，陪伴孩子这件事真的不能偷懒。在孩子成长的过程中，需要父母用心陪伴的时候，如果父母缺席了这段时光，那么在孩子长大之后，可能会以叛逆的方式，让你把曾经缺失的陪伴加倍地补偿回来。

有个比我大十多岁的大姐，她的女儿今年18岁了。她和爱人只有一个独生女，从孩子生下来5个月开始，孩子就完全交给了奶奶带，晚上睡觉，孩子也跟奶奶在一起。在孩子的眼里，奶奶更像妈妈，而妈妈更像是偶尔来看她的阿姨。这个大姐当时在一家公司上班，公司正处于发展期，身为女强人的她，果断选择把重心放在工作上，她甚至为工作做出了很大的牺牲，当公司需要转移到另外一个城市发展时，她毫不犹豫地跟着公司去了外地。可想而知，她很大程度上缺席了孩子的生活和教育。

我当时建议这位大姐：“孩子只有四五岁，正是需要妈妈的时候，你不如在工作单位附近租一套房子，和爱人辛苦一点儿，把孩子带在身边，这样的话，你们就不会缺席孩子的成长。”大姐听后犹豫了一段时间，觉得这样的生活太辛苦了，孩子也比较受折腾，还是选择把孩子放在爷爷奶奶身边。

爷爷奶奶看到孙女留守在家，很是心疼，于是加倍宠溺孩子。大姐周末或休假回到家时，对女儿心存愧疚，也加入到了宠溺孩子的行列，孩子发脾气、摔东西的时候，她根本不去管教孩子。后来，她对我说，孩子长到18岁，她发现自己已经找不到合适的理由和办法去教育孩子了。孩子叛逆、逃学、不听话，脾气极其暴躁，和妈妈说不上几句话，母女俩就会大吵一架，不欢而散。

等孩子长到了18岁，朋友突然又像重新养育一个婴儿那样，学着耐心跟孩子沟通，花费心思去讨好孩子，平时还要留意孩子喜欢什么；在孩子逃学的时候，她一次次去外面找孩子，可以说朋友现在付出的心血和精力，反而比正常养育一个孩子要多得多。

因此，陪伴孩子这件事情永远都不能偷懒，你稍微一偷懒，他就长大了。你对他的成长采取随便的态度，他可能还给你一个随便的人生。

一般而言，缺少父母陪伴的孩子长大之后，更容易出现以下几方面问题。

1.与父母感情疏离

一般而言，在孩子成长的过程中，如果父母没有用心陪伴孩子，孩子跟父母之间的情感关系往往都比较疏远，孩子有什么心事或问题，都会选择埋在心里或者找朋友倾诉，而不会第一时间找父母交流。这个问题，在孩子小的时候表现得还不是很明显，因为他们没有完全独立的生活能力和经济能力，他需要在一定程度上依赖父母的帮助，所以在有些事情上，你会看到，孩子会过来找你，听从你的建议和意见。但是，随着孩子逐渐长大，有了独立的思维能力和生活能力之后，他们便会逐渐打破这种依赖关系，离你的生活越来越远，我们经常见到，有些孩子跟父母面对面坐在一起，也相对无言，就是因为在孩子小的时候，父母没有与孩子建立无话不谈的沟通习惯和基础。

2.孩子更容易叛逆

如果父母缺失了孩子的成长过程，那么孩子在长大之后，往往比一般的孩子更容易叛逆。我观察过身边一些亲戚或朋友的教育案例，很多没有陪伴孩子成长的父母，在孩子进入青春期之后，都会发现一个问题，那就是自己家孩子的叛逆程度和叛逆表现比其他孩子要严重一些。很多孩子都会经历青春叛逆期，会出现讨厌父母唠叨、喜欢跟父母顶嘴的现象，但这种叛逆期现象会随着孩子心智成熟，逐渐以一种平缓的方式过渡过去。但是，如果在孩子小时候父母跟孩子没有建立亲密的亲子关系，那么孩子在青春期会表现得更加叛逆，而且这种状态将持续更长时间。

3.孩子往往更关注个人感受

在成长的过程中，缺少父母陪伴的孩子，在长大之后往往更关注个人感受，而对父母的感受则比较木然。说得通俗一点儿，就是孩子比较缺乏同理心，不能站在对方的角度，去体会对方的痛苦和快乐。在孩子成长的过程中，父母应该与孩子建立起良好的互动，在孩子需要父母的时候，用行动去关心孩子，比如孩子发烧的时候，帮助孩子量体温、喂药，孩子通过父母的举动，就能够学会主动去关心、照顾别人。待孩子长大后，看到朋友或父母生病，他自然而然地也会用行动关心他人。有些在童年时期缺乏父母陪伴的孩子，长大之后会表现出情感麻木的一面，然而外人只看到了他们的冷漠和麻木，却没有看到他们在儿童时期所缺失的陪伴和安全感。

孩子的成长其实非常快，一眨眼工夫，他就会走路了；一眨眼工夫，他要上幼儿园了，一眨眼工夫，他又要上小学了……作为父母，我们要珍惜与孩子共处的每一段时光，好好陪陪孩子，不然等孩子长大，再懊悔就晚了。

提供情绪价值才是陪伴的关键

我们经常说，做人要有高情商，而高情绪价值恰恰是高情商的表现形式之一，它的内容非常丰富，包括支持、鼓励、关心、关注、信任等。作为父母，我们陪伴孩子的目的是让孩子喜欢我们、信任我们，让孩子在一个充满阳光和爱的环境中健康长大。但是这件事说起来容易，做起来很难，因为面对不同的情感体会，人们会有不同的情绪表现。有的父母，在孩子面前会表现得非常温柔体贴；有的父母，在孩子面前会表现得很暴躁、粗鲁；有的父母既不温柔也不暴躁，而是在孩子面前表露出一副冷冰冰的样子。父母对孩子的不同的情绪表现，会给孩子带来不同的情绪价值体验，也会给孩子的心灵成长造成不同的影响。

人有趋利避害的本能，大多数孩子都会喜欢对自己温柔、理智、有耐心的父母，而趋向于躲避暴躁或冷漠的父母。

电视剧《小欢喜》里季杨杨的妈妈说话轻声细语，永远不紧不慢，即便面对自己非常叛逆的儿子，她也永远保持着温柔的姿态。季杨杨责怪父母在自己童年时期远赴异乡工作，对自己缺少陪伴，因此在面对回来陪自己高考的父母时，一直都冷言冷语，爱搭不理。在这种情况下，季杨杨的妈妈依然能温柔、平静地跟儿子交流，一点儿暴躁情绪都没有。考试成绩出来后，儿子考了全班倒数第二，在这种情况下，她能够轻声细语地鼓励儿子继续努力，并宽慰孩子："学习并没有那么重要，你自己开心最重要。"

而英子的妈妈则是一个非常强势的妈妈，从吃饭到兴趣爱好，再到考试测验，英子妈妈几乎包揽了英子所有的事情，甚至不让英子跟爸爸见面，害怕爸爸会影响英子的高考。在这种鲜明对比之下，英子对自己的妈妈总是显得比较客气、疏远，而私下却喜欢季杨杨的妈妈，和季妈妈谈天说地，无话不谈，不仅分享好吃的脏脏包，还会和季妈妈分享心中的小秘密。可以说，英子妈妈是英子现实中的妈妈，而季杨杨的妈妈却是英子理想中的妈妈。

我在追剧的过程中会看到弹幕不停地出现“我也想要一个这样的妈妈”。可见大多数孩子都喜欢温柔细腻、善解人意的季杨杨妈妈，而讨厌性格强势、控制欲极强的英子妈妈。尽管英子妈妈为了女儿辞掉了正式工作，从事自由职业，事无巨细地照顾着女儿的衣食起居，还负责辅导孩子的各门功课。但是，这种自我牺牲式的陪伴，在孩子眼里却是一种想要逃离的束缚，这种陪伴让孩子感觉窒息，恨不得考一个异地的大学，离妈妈远远的。

因此，形式上的陪伴并不能拉近亲子双方的心理距离，只有高情绪价值的陪伴，才能达到这个效果。高情绪价值的父母，会让孩子与自己相处时，感到轻松快乐；而低情绪价值的父母，只会让孩子在与自己相处时变得局促不安，时刻想要逃离。如果父母在与孩子相处时不能给孩子提供很好的情绪价值，那还不如放手让孩子好好独处。

每个人都想成为具有高情绪价值的父母。但是，很多父母会提出这样一个问题：谁都想管理好自己的情绪，也都想在孩子面前呈现积极阳光的一面，但一回到现实生活中，一看到淘气、不听话的孩子，气就不打一处来，在这种情况下怎么可能管理好自己的情绪呢？

下面，我们就来具体分析，为什么父母一回到现实生活中，就不能理智地管控自己的情绪了呢？这主要有以下几方面的原因。

1.父母缺乏情绪管理的能力

现实生活中之所以会出现“理智上知道要控制情绪，但一遇到实际问题就暴怒不已”的问题，跟父母的情绪管理能力有很大的关系。随着情绪管理和情绪价值这些概念的普及，越来越多的父母已经意识到情绪价值对孩子成长的重要作用，但他们的情绪管理能力是落后的。当情绪管理的意识与情绪管理的能力不匹配时，父母很容易把要控制好情绪的意识抛在脑后，而采用当下最直截了当的方式去处理问题，通常情况下，就是大吼大叫，甚至直接动手，这对没有情绪管理能力的父母而言，是一种最简便、最直接的教育方式。

当父母频繁出现控制不了情绪的问题时，就要想办法提升自己控制情绪的能力。我建议父母在平心静气的情绪状态下，提前给自己找好两三种具体的、可操作的，能让自己瞬间平复情绪的办法，以应对各种突发情况。当然，这需要结合自己的性格特点来决定，情绪平复方式可以是暂时离开矛盾中心，去做家务、吃美食、看笑话、做运动等。总而言之，每个人都应该提前找到一个可以迅速平复情绪的好办法，并且不断让它成为一个人的习惯和能力，用它来替代大吼大叫或者打骂的教育方式。比如我在感觉自己快要发怒的情况下，会采用默念的方式来平复自己的心情，比如我会默念“生气没有意义”“生气会让事情变得更糟糕”等。这样默念几遍之后，我的情绪自然而然就会平复很多。

2.父母欠缺良好的语言表达方式

很多父母都知道应该温柔而有耐心地与孩子交流沟通，但是当话语从他们嘴里说出来时，听起来却总是带着一些抱怨或指责。比如天气凉了，孩子穿着一件T恤去上学，妈妈明明很关心孩子，但是说出来的话却是“都不知道给自己添件衣服”。孩子跑的时候摔破了膝盖，妈妈明明很心疼，但说出来的话却是“让你不听话，让你跑，这下美了吧”。你看，同样一个意思，情绪价值高的妈妈会说：“今天天气有点儿凉，妈妈怕你感冒，换一件衣服吧？”“膝盖没事吧？下次跑步注意一点儿吧。”我们不要小看语言的魅力，同样一件事情用正面的语言来代替负面的语言，虽然表达的是同样的意思，但是会让孩子听起来舒服很多，孩子长大之后，也会学习父母的情绪表达方式，用更加温柔平和的语气去关心身边的人。

我经常跟身边的朋友说，我们应该学会艺术地表达，我们明明很关心孩子，却总是拉不下父母的脸面，总觉得语调升高、语气严厉，才能让孩子真正听进去。其实不是，良好的语言表达方式能起到“随风潜入夜，润物细无声”的效果，而不在于声调的高低。

3.父母对孩子缺乏客观的认识

人之所以总是出现失落、失望、挫败感等负面情绪，主要是因为心理预期太高，无法平衡理想跟现实之间的落差。因此，要想减少自己的情绪波动，父母就应该对孩子有一个客观、理智的认识和定位，不要把孩子想象得多么天赋异禀：不要因为孩子会背几首古诗，就觉得孩子记忆力惊人；孩子口算快，就觉得孩子智商异于常人。总而言之，不要总喜欢拔高孩子的天分和资质。退一万步说，即便孩子真的在某一方面有特殊的才能，父母也应该保持平常心，把孩子当作一个平凡的孩子去对待。

我曾在网上看到过这样一段话：“人生的三个阶段：接受父母的平凡，承认自己的平凡，接受儿女的平凡。”我们可以有梦想，可以有希望，可以不断努力，但前提是，要以平凡的视角去看待自己，看待孩子，看待身边的一切。这样，我们才能以更加平和的情绪和心态，去对待孩子在成长过程中遇到的各种各样的、让我们头疼不已的小问题。

陪伴应该是有质量的，如果父母不能很好地控制自己的情绪，没办法给孩子提供高情绪价值，那么还不如不陪伴。这样，孩子在独处的过程中，至少不会被父母的歇斯底里和反复无常的情绪“感染”。

陪伴也是很好的教育契机

其实，如果我们把教育的大道理罗列成几个条目教给孩子，那很容易，孩子只需要一段时间就能背得滚瓜烂熟，但是这种教育方式没有任何实际意义，只能算是一种填鸭式教育。真正好的教育是润物细无声的，它隐藏在父母与孩子相处的点点滴滴中，虽不留痕迹，却可以起到“四两拨千斤”的效果。

现在回想起来，我对女儿程程的教育，很多都隐藏在日常陪伴之中。她第一次拿着饼干，却不愿意与小朋友分享的时候，我并不急着给她讲分享的大道理，只是告诉她，分享是一件快乐的事情，如果她愿意掰一半饼干给身边的小朋友，那么她就是一个了不起的小朋友。然后，我没有强迫程程做任何事情，只是把选择权完全交给了她，她犹豫了半天，最后将手中的饼干一分为二，主动给了身边的小朋友。她觉得这是一件很了不起的事情，而且她自己很开心。后来，我带着程程与小朋友玩了很多次，程程手里拿的面包，也会主动给身边不认识的小朋友每人掰一小块，让大家一起享受喂小鱼的快乐。当然，在此后的日子里，也有不少小朋友会与程程一起分享自己的零食，程程也尝到了对方与自己分享零食的快乐。“分享”这件小事，我从来没有刻意教过程程，但是在无数次陪伴的过程中，程程自然而然就学会了分享的道理，也感受到了分享的快乐。

我陪程程坐过地铁，坐过公交车，乘坐这些交通工具的时候，其实也有很多教育契机。比如，在人少的时候，我和程程会一人坐一个座椅，但是如果遇到有需要让座的老奶奶或孕妇时，我会附在程程耳边，告诉她，这些人比我们更需要座位，我们可以把座位让给他们，然后程程就会起身让座。后来，每次乘坐公交车或者地铁时，一遇到需要座位的人，她就会主动站起来，把座位让给有需要的人。另外，在乘车的时候，有些小孩子会大喊大叫，大声哭闹，此时我会趁机悄悄告诉程程，公交车是公共交通工具，如果大喊大叫就会影响别人，这样做是不对的，程程就会默默地点点头。

后来，我便可以放心地带着程程出入图书馆、电影院、餐厅，以及乘坐各种交通工具，压根不用担心程程在这些场所出现哭闹或喊叫的行为。因为从小我就陪着她一起出入这些场所，不断地告诉她，这样做会给别人带来噪声困扰。在潜移默化中，程程自然而然就学会了遵守公德。

你看，真正的教育，其实就藏在陪伴孩子的过程中，你自然而然地把这些道理讲给了孩子，孩子也自然而然地领会到了这些道理的真谛。假如说，我只是简单地用语言告诉程程“不要在公共场所大声喧哗”“要把座位让给有需要的人”，她听完我讲的大道理，未必能付诸行动，因为她缺少感受道理、理解道理的现实环境。因此，教育需要一定的情境。在陪伴孩子的过程中，恰恰会有无数个真实的教育情境，在具体的情境中教育孩子，孩子更能明白你所说话语的含义。

卢梭在经典著作《爱弥儿》一书中写过这样的话：我们在路上，不是像驿夫那样追赶路程，而是像旅行家似的沿途观赏。我们心中不只是想到一个起点和终点，而且还想到起点和终点之间相隔的距离。对我们来说，旅行的本身就是一种乐趣。陪伴孩子的过程、教育孩子的过程，其实都是一段旅程，我们不必太刻意要求自己非要把孩子培养成一个什么样的人，而应该把养育孩子的过程当作一段美丽的旅程。在这段美丽的旅程中，我会抓住很多的教育契机，把许多人生道理一点点讲给孩子。

我有个朋友，他的儿子在青春期表现得非常叛逆，每天不去上课，就泡在网吧打游戏。朋友非常生气，每天一下班，就在各个网吧找儿子，找到儿子之后，他就拧着儿子的耳朵呵斥："你知不知道现在是学习的关键时期，天天上网，你想把自己变成废物，是不是？"每每这时，他的儿子总是用冷冰冰的眼睛看着他说："好好学习？你就知道好好学习！我小的时候，你为什么把我扔给爷爷奶奶，现在才来管我，我凭什么要听你的话？"

这样的质问，把朋友惊得愣在原地，一句话都说不出来。

的确，在孩子成长的过程中，他和妻子总是以工作忙碌为理由，把孩子的生活和学习一并交给了孩子的爷爷奶奶。等孩子进入青春期之后，他们才意识到孩子叛逆得有多么严重，于是又拿出了父母的权威，理直气壮地呵斥孩子、指责孩子。

父母陪伴的缺失非常遗憾，因为这不光错过了许多孩子成长的美好时光，更重要的在于错失了很多可以教育孩子的良好契机。当孩子需要你陪伴、需要你教育的时候，你没有好好地引导孩子，等孩子进入青春期开始叛逆时，你才想起自己应该承担起为人父母的责任，但为时已晚，因为在孩子眼里你连给他讲道理的资格都没有了。

一个孩子阳光、开朗，是因为父母在与他朝夕相处的过程中，总能以快乐和幽默的心态，化解生活中的各种烦恼和压力；一个孩子善良，是因为在与父母的相处过程中，他看到父母如何去友好地对待身边的每一只动物，每一个陌生人；一个孩子坚强，是因为他在与父母朝夕相处的过程中，看到了父母在面对困难时的勇气和坚韧；一个孩子好学，是因为他在写作业的时候，看到了陪在身边的父母也在同样努力地工作、学习，不断充实自己。

在陪伴的过程中，你应该把自己最优秀的一面展现给孩子，让孩子学着你的样子，也变得越来越优秀。同样的，正是在陪伴的过程中，你才能发现孩子身上出现的各种各样的小问题，也才能及时、准确、有效地指出孩子身上存在的这些问题，然后把正确的道理慢慢讲给他。而一个没有用心陪伴孩子的父母，根本发现不了孩子身上的优点和缺点，他看到的只是他自己愿意看到的景象，而不是一个真实的孩子。

第 4 章
教养，就是从改变说话口气开始

唠叨、吼叫、训斥，是非常糟糕的沟通方式。高情绪价值的父母，会注意自己说话的语气、神态和语调等，让孩子有一种身心愉悦的体验。改变说话口气，让每一句话都能温暖孩子的心。

高情绪价值的父母怎么跟孩子说话

高情绪价值的父母，能源源不断地给孩子传递正面情绪，让孩子在成长的过程中，始终有用不完的正能量。

我有一次看一个访谈类电视节目，节目里有一个中年男子，他看上去饱经风霜，但却有一双异常坚毅而明亮的眼睛，他靠自己瘦弱的肩膀扛起了整个家庭的重担。他说他记得在自己很小的时候，家里的气氛非常温馨，父亲每次下班回来，都会给他和姐姐、弟弟带一些好吃的，哪怕是两个热气腾腾的馒头。即便生活已经贫穷得一无所有，他的父母依然没有像别的父母那样烦闷、暴躁、乱发脾气，而是竭尽所能地爱他们，始终用乐观来化解生活中的难题。生活特别艰难的时候，一家人都不知道该怎么办，但父亲总会一脸慈爱地安慰孩子们说：“只要小车不倒，那就往前推吧。”他说他永远记得父亲对他说过的这句话，正是这句话鼓励他咬牙挺过了生活中的每一个困难——他带姐姐看病，照顾瘫痪在床的父亲，安抚受重伤的弟弟……把全家的重担都扛了起来。

我看完这个节目，深受感动。这个男子的父母，在男子小时候也许并没有给男子提供丰富的物质条件，但他们却用乐观、坚强、平和的人生态度，给了孩子们充足的精神营养，这支撑着孩子们一步一步挺过困难。不仅如此，这个男子的姐姐和弟弟在面对家庭困难时，也都表现出了一致的团结和坚强。试想一下，如果父母面对压力时总是大发雷霆、借酒消愁，那么孩子在这样的家庭环境下，也许只有委曲求全或者逃离。

这个案例告诉我们，一个拥有强大能量的孩子，在人生的道路上遇到风雨和挫折总能咬牙挺过去，而这份从容和自信，恰恰来自能够提供高情绪价值的父母。

在一段亲子关系中，父母如果能够给孩子带来更多的情绪价值，即让孩子感觉到快乐的情绪多于悲伤的情绪，平和的情绪多于愤怒的情绪，那么孩子就愿意与父母维持良好的亲子关系，整个家庭关系也会比较和谐。相反，如果父母态度悲观，情绪暴躁，那么孩子在这种环境影响下，也会潜移默化地变得悲观、暴躁。当大家的负面情绪交织在一起时，整个家庭环境就会变得非常糟糕，孩子也很难形成积极阳光的心态。

那么，父母如何才能给予孩子更高的情绪价值呢？其实在日常的生活中，父母可以从讲话的方式、语气、态度、技巧等多方面入手，逐渐让孩子获得高情绪价值体验。下面我们就来具体探讨，该如何改善我们的说话方式。

1.能好好说的话，绝不要挖苦讽刺

有些父母从来不会跟孩子好好说话，一开口就是挖苦讽刺，比如常常把“作业都写完了吗，没写完还有时间在这玩呢”“你觉得自己了不起是吧，敢跟大人顶嘴了”“就你这德行，还想看动画片呢”“你是不是想故意气死我”挂在嘴边，这些挖苦讽刺，不仅不会让孩子意识到自己身上的问题，反而会让孩子产生一种错觉，认为自己非常差劲。久而久之，面对父母的挖苦讽刺，一些自尊心强的孩子有可能产生强烈的逆反心理，甚至变得自暴自弃；而一些自尊心较弱的孩子，则有可能把父母的挖苦讽刺当作耳旁风，继续我行我素，在行为上没有丝毫的改变。不仅如此，父母这种挖苦讽刺的说话方式，也会潜移默化影响孩子的说话方式。

有一次参加集体活动时，我发现一个小女孩说话总喜欢挖苦别人，当时另外一个小女孩想挑战一下攀岩，结果这个小女孩就挖苦人家说："看把你能的，待会儿可别哭。"后来，我发现这个小女孩的妈妈说话方式也是这样的，她跟女儿交流时，总是把"看把你能的"这句话挂在嘴边。我想，这就是言传身教的作用，你喜欢用挖苦讽刺的方式跟孩子沟通，那么孩子也会耳濡目染，学习你这种糟糕的讲话方式。

2.尽量以肯定的语气来代替否定的语气

举个简单的例子，孩子想跟小朋友一起跑步比赛，但是妈妈又担心孩子刚学会走路，跑起来跌跌撞撞，容易摔跤。这时候，很多妈妈就会习惯性地跟孩子这样交流——不要跑了，小心摔倒，这种否定的语气会让孩子感觉跑步是一件非常危险的事情，他想尝试，可是因为妈妈说这样做有危险，所以他就会打消自己想要挑战的念头，这种说话方式会让孩子慢慢变得犹豫不决、优柔寡断。我们不要忽略生活中这些累积起来的、带有负面情绪的话语，一个胆小、怯懦的孩子，并不是天生如此。一定是他在成长的过程中感受到了太多的危险和恐惧，当这种危险和恐惧大于他想挑战的勇气时，孩子的性格就会慢慢变得胆小、怯懦。

其实，妈妈可以尝试用肯定的语气来跟孩子交流，比如，可以跟孩子说："妈妈知道你可以的，不过，你要小心摔跤哦！"当妈妈用肯定的语气跟孩子交流时，孩子的小脑袋就会接收到一个信号——"可以尝试，只需要勇敢一点儿"，长此以往，孩子就会逐渐变得勇敢和自信。我举这个简单的例子是想告诉所有的父母，我们应该改变自己惯用的说话方式，在平时的生活中，能用肯定的语气跟孩子交流，就尽量不要用否定的语气去表达，多用一些正面的话语来鼓励孩子，多说"我相信你可以的""你没有问题的""你可以尝试"之类的话。慢慢地，你就会发现孩子的性格也会产生一些意想不到的变化。

3.遇到麻烦事，尽量以平和的情绪去处理

我有个朋友，他的父亲性格非常暴躁，暴躁到生活中的一丁点儿麻烦事都能瞬间点燃他的情绪，让他变得情绪失控。朋友跟我说，有一次，他爸爸在关门的时候不小心被门把手磕碰了，他的父亲瞬间就变成了一头发怒的狮子，然后以迅雷不及掩耳之势将门把手生生拽了下来；不仅如此，当他父亲端碗时不小心被烫了，就会瞬间勃然大怒，然后把好好的碗摔在地上。他非常讨厌父亲情绪失控时的样子，但是他悲哀地告诉我，在长久的影响之下，他发现自己的性格也不由控制地变得异常暴躁。他长大之后，每次遇到一丁点儿的小问题或麻烦事都没法做到冷静地去处理这些问题，而是选择用父亲那样的方式来发泄心中的愤怒，但是愤怒过后，他又会变得异常内疚，因为他已经变成了自己所讨厌的样子。

我告诉他，你要记住，你现在的角色是父亲，你如果不想让你的儿子变成你所讨厌的样子，那么就要从现在开始，努力摆脱负面情绪的阴影，让孩子看到你平和、冷静的一面。值得庆幸的是，从他这一代开始，他已经意识到了负面情绪对自己造成的心理伤害，也愿意发自内心地去改变它。因此，我建议他每次控制不住情绪时，都要反复在心里默念“我是一个父亲”“我是孩子的榜样”。在有意识的心理暗示之下，我相信他一定能在情绪方面有明显的改变。事实证明，这个心理暗示的办法非常有效，他在情绪控制上也的确有了很大的改善。

一个高情绪价值的父母，会给孩子带来积极、正面的影响，孩子也愿意跟这样的父母交心、沟通，因为他能从父母那里获得成长所需要的勇敢、自信、乐观、坚强等一系列宝贵的品质。

不要用负面的态度和语气跟孩子说话

跟孩子说话是要讲究说话方式的：同样一个意思，如果你用积极、正面的方式跟孩子说话，孩子会感觉非常温暖、舒服；而如果你总是用消极、讽刺的方式去打击孩子的话，那么孩子的情绪状态也会非常低落。

我建议在日常生活中，父母应该学会说话的艺术，尽量不要用负面的态度和语气跟孩子说话，否则就会对孩子的心灵产生强烈的冲击。

我们小时候，很多父母在跟孩子说话的时候，通常会采用简单粗暴的方式，往往不讲究说话的艺术和技巧。比如，孩子干活有点儿磨蹭，妈妈通常会大吼一声“你还能再慢点儿吗？跟乌龟一样”；孩子不小心打翻了东西，妈妈下意识就会骂一句“眼睛长天上去了，什么东西都看不见”；孩子偷出柜子里的零食被妈妈发现了，妈妈的通用语言是“吃吃吃，就知道吃，除了吃你还知道干什么”。类似这种负能量满满的指责和呵斥，充斥在我们这一代人的成长过程中。

当然，我们也平安健康地长大了，心灵似乎没有受到太大的伤害，但是这种跟孩子沟通的方式已经在潜移默化之中渗透进了我们的思想里。现在很多受过高等教育的爸爸妈妈在生气的时候，依然会口不择言地跟孩子说一些过分的话。随着文化水平的提高以及教育理念的革新，我们这一代人完全有能力改变这种负面的沟通方式，以一种更加平和、理智的方式跟孩子交流。要知道，一种好的交流方式是能够传递给下一代人的，孩子耳濡目染，也会受到潜移默化的影响，学着用平和、理智的方式去跟周围的人沟通。

有一次，我带程程去公园玩耍，看见一个男孩一不小心把皮球踢到了灌木丛里，当时他的妈妈就站在旁边，然而她却没有指责孩子。更让我们佩服的是，当这个男孩走到妈妈面前，对妈妈说“妈妈对不起，下次我会注意”时，妈妈看了看草丛里的皮球，笑了笑说：“没关系，小心别踢到别人就好。”

我觉得这对母子之间的交流方式很好，我没想到一个八九岁的男孩在犯了小错误之后，能在第一时间主动跟妈妈道歉，而妈妈也并没有因为孩子的失误而大声呵斥孩子，只是笑着叮嘱了孩子几句。我在想，这种良好的交流方式一定跟这位妈妈平时的教育有很大关系。在平时的生活中，这位妈妈一定在用温柔平和的交流方式跟自己的儿子沟通，所以这个男孩儿才会在潜移默化中学习到了妈妈的讲话艺术。

每次去接程程放学，走在路上时，我都会让自己的脑子放空一下，然后告诉自己“我是一个妈妈”。这句话提醒我，无论白天遇到多么糟糕的事情，都不能把负面情绪带到孩子面前，用糟糕的语气去跟孩子说话，只会把这种负面情绪传递给孩子。在与女儿相处的过程中，我也在不断地学着掌控自己的情绪，提高说话的艺术，尽量让孩子在一个幸福和谐的家庭环境中长大。

下面，我就跟大家分享几种正面的说话方式，这种说话方式可以瞬间拉近孩子与父母的距离。

1.用“我认为”来代替“你想干什么”

当孩子做错了事情时，很多父母的第一反应就是怒斥孩子，

“你想干什么”，结果把孩子吓一大跳。其实，我们可以有更好的方式来替代这句质问，比如，你可以这样说“我认为你这件事情做得不太妥当”“我认为你可以用更好的语气来说话”“我认为你没必要这样生气”，这样的交流方式，远比大吼孩子一句“你想干吗”要理智得多，而且这种平静的发问，更容易让孩子接受你提出的意见。下次，当你看到孩子闯了祸时，先不要着急责骂孩子，而是要努力想想，如何用“我认为……”的方式来与孩子交流，当你这句话脱口而出时，你就会发现，自己原本愤怒的情绪已经平复了许多。

2.用“你可以”来代替“有什么好怕的”

学校组织演讲比赛，孩子犹豫不决，既想参加又不敢参加，这种情况下如果父母轻描淡写地来一句“这有什么好怕的”，就会让孩子变得更加自卑。因为这会让孩子产生一种错觉，原来这对别人而言，是一件非常容易做到的事情，只不过自己不如别人勇敢而已。女儿登台表演时，如果她告诉我她很紧张的话，我会第一时间抱抱女儿，然后告诉她：“紧张是一件很正常的事情，如果换作妈妈，可能比你更紧张，你有勇气登台表演，已经很棒了。妈妈相信你可以克服紧张，把最好的一面发挥出来。”当孩子紧张害怕的时候，一句“你可以”远比冷嘲热讽要好得多。

3.用“你没事吧”来代替“你是怎么搞的”

孩子不小心打翻了牛奶，或者不小心打碎了一个水杯，这种情况下很多妈妈的第一反应都会指责孩子不小心。生活中，“你是怎么搞的”这句话，简直成了很多妈妈的口头禅。我们仔细想想，当孩子不小心打碎了东西，你再责骂他也无济于事，因为破碎的东西不可能恢复如初，与其责骂孩子，让孩子在你面前战战兢兢，还不如大大方方地主动关心一下孩子，问孩子一句“你没事吧，有没有受伤？”当你对一个做错事的孩子表现出宽容和理解时，不用你责骂，孩子就会反思自己的言行举止，下次做事的时候就会更加小心谨慎。

我举以上几个例子，只想说明一点，同样一件事情，用正面的表达方式去沟通，所得到的结果远比负面指责要好得多。苏联心理学家雅科布松说过这样一句话：语言本身蕴含着巨大的能量，可以帮助解决情感表达的问题。当亲子关系出现问题时，比如亲子关系疏离、亲子之间矛盾尖锐等，父母可以尝试用语言的力量去解决这些情感问题，要相信，语言的魅力很大，而我们所要做的，就是尽可能地多掌握一些语言沟通的技巧和艺术，巧妙地化解亲子之间的各种矛盾和冲突。

忍住别插嘴，耐心听孩子把话说完

曾经听到这样一个小故事。

一个小男孩跟大家说，他想当飞行员，载着乘客在天上飞行。这时候，有人问了他一个问题："如果飞机没油了，你会怎么做？"小男孩想了想说："我先提醒所有乘客坐好，然后自己打开降落伞跳下去。"没等小男孩说完，身边所有的大人都哈哈大笑起来。结果小男孩感到很委屈，小脸憋得通红，他急忙跟大家解释说："我背着降落伞跳下去取油，等取完油我再上来救乘客。"

我们在听孩子说话的时候，总喜欢先入为主猜测孩子的意思，然后再自以为是地打断孩子说话，把自己的想法强加给孩子，这种做法非常不妥。因为孩子再小，也是一个具有独立人格的生命个体，他跟我们家长在说话的权利上是完全平等的。大思想家伏尔泰曾经说过这样一句话：我不同意你说的观点，但我誓死捍卫你说话的权利。即便是意见不同者，我们也应该尊重他说话的权利，让他有机会完全表达自己的观点，这是一种尊重，也是格局大的表现。

初中时，我们学过一篇课文，叫作《外婆的熊皮手套》，这篇课文所讲的故事，大家应该都知道。

有一天，妈妈带着孩子去剧院看狗熊表演。身边的孩子看到憨态可掬的狗熊出场之后，兴奋地大叫起来，随后他说出了这样一句话："要是熊死了，不就有皮了吗？"此话一出口，妈妈感觉非常难堪，于是她一把拉过儿子，呵斥儿子乖乖坐下来。结果孩子委屈地哭着说："有了熊皮，就可以给外婆做一双熊皮手套了。"

原来，孩子的外婆中风了，已经在床上躺了三天，外婆的双手因为长期干活，一到冬天就会生冻疮，小男孩很早就想给外婆做一双熊皮手套，这样外婆的手就不疼了。所以，那天看到狗熊出场之后，孩子实在抑制不住内心的激动情绪，兴奋地叫了起来。听完孩子的解释之后，妈妈内心非常愧疚。

孩子的逻辑思维会经历一个从不成熟到成熟的过程，在不成熟阶段，孩子的语言表达能力以及思维能力有限，他们在表达自己的意见时，无法做到像成人那样完整、严谨和条理，而是习惯用　唆的话语，一句一句往外蹦，有些话语在我们大人听来没头没尾，非常突兀，很容易让人误解。鉴于此，我们在听孩子说话的时候，一定要保持足够的耐心，等孩了把他想说的话全部说出来之后，我们再发表自己的意见，这样就会避免许多误解。

可是，在现实生活中，能够真正做到耐心听孩子说话的父母其实很少。有些父母虽然不会粗暴地打断孩子说话，但是他们在倾听孩子说话时的态度敷衍，只是耐着性子等孩子说完，急于想把自己的意见告诉孩子，让孩子遵从自己的决定，这种形式上的尊重，从本质上来说，也是在“打断”孩子说话的权利，因为他们并没有用心去听孩子完整表达。

周末，我带程程去少年宫上课。出门前，程程想穿一条灰色的裤裙，可是她找不到合适的上衣来搭配。这时，先生拿出了一件粉红色的卫衣递给程程说：“要不你试试这件吧。”程程穿上粉红色卫衣，站在镜子前看了看，看上去并不太满意这个搭配。她刚想张口跟先生说想换一件衣服时，着急出门的先生抢先一步说道：“灰色搭配粉色，我觉得真的很好看。”

“爸爸，我觉得不好看，而且感觉有点儿热。”程程又看了看镜子里的自己，跟先生解释说。

“可是我们没有时间了，我觉得这件真的很好看。”先生虽然很着急，但还是耐着性子，尝试跟程程沟通。

听完先生的话，程程没有说话，而是径直走到书房，从衣柜里给自己挑选了一件灰色的卫衣，伸手放在胸前，对着镜子看合不合适。

“灰色配灰色，一点儿都不好看。”先生已经有点儿着急了，“那个粉色就很好看。”

“那这件白色呢？”程程拿出白色T恤，跟先生说。

“白色太薄，我觉得也不合适。”

总共只有3件卫衣，白色的太薄，灰色的不好看，在先生看来，似乎只有粉色最合适。可是程程那天不知道怎么回事，就是不愿意穿那件粉色的衣服。

“可是粉色真的太厚了。”程程坚持说。

就在父女俩僵持不下的时候，我走了进来，把先生叫到另一个卧室说："咱们不是说好了，周一到周五穿运动服，周末不上体育课，孩子可以自己选择衣服吗？你为什么非要坚持让她穿这件粉色卫衣，而不听听她的意见呢？"先生急忙说："我一直在耐心听她说话，没有打断她，我只是觉得灰色卫衣与灰色裤裙不搭配，白色T恤确实太薄了，穿出去会感冒的。"

"你表面上没有打断她，好像一直在认真听她讲话，但你没有真正听懂她的意思，她一直在说，穿粉色卫衣很热啊。"

"可是今天外面有大风，我怕她感冒。"

"那我们把外面有大风这件事告诉她，让她自己决定不就好了。"

然后，我和先生来到书房，把外面有大风，以及每件衣服的搭配利弊都告诉了程程，最后让程程自己决定。

程程看了看3件卫衣，最后竟然开开心心地选了那件粉色卫衣，这一点倒让我很意外。

我猜测，程程其实也知道爸爸说的话有道理，不过她觉得爸爸一再坚持自己的意见，而不认真听她讲话，没有尊重她，所以她本能地选择跟爸爸对抗，就是不愿穿爸爸推荐的那件粉色卫衣。而我认真听了她的意见，并且表示会尊重她的决定之后，程程反而会心平气和地听从我们的建议。

因此，真正尊重孩子，就应该把孩子视为一个平等的生命个体，用心听他说每一句话，不仅如此，还要真正弄明白，他所想表达的意思是什么。打断孩子的讲话，不尊重孩子的意见表达，只会让孩子的抵抗情绪越来越严重。

把话说到孩子心里去的小技巧

有的父母喜欢给孩子讲道理，但是到头来孩子一句话也听不进去，这种沟通方式就叫无效沟通。根据传播学理论，传播需要有5个要素，分别是传播者、受众、传播媒介、信息和传播渠道。如果信息接收者接收到传播者所发来的信息时，会进行积极的反馈，那么这种传播方式就被称之为有效的传播。

在平时生活中，如果父母频繁给孩子讲道理，而孩子只是左耳朵进右耳朵出，对父母的说教没有反应的话，那么父母的这种沟通其实就是一种浪费力气的无效沟通。无效沟通不仅起不到教育、引导的作用，还会让孩子对父母的说教产生厌烦心理。父母如果想让孩子主动接受自己的意见，并且能够对意见作出积极反馈的话，就要建立畅通的传播渠道，想办法拉近孩子与自己的关系，扫除一切阻碍交流的障碍。

我读研究生时，一位老师跟我们分享了一个他和儿子交流的趣事。这位老师说，有一次他和儿子闹了一点儿小别扭，儿子躺在床上背对着他，不跟他说一句话。这位老师并没有急着跟孩子沟通，而是默默地坐在孩子身边，过了一会儿，老师起身轻手轻脚地捡起滑落在床上的毛毯，然后往儿子的身上拉了拉，紧接着，老师还将毛毯的一角往孩子的脖子下面掖了一下。

让我们想不到的是，老师说，他的这一系列举动完全是刻意设计的，他知道儿子躺在床上没有睡着，所以他刻意做出这些关心儿子的举动，只是想软化儿子的内心，让儿子感受到爸爸是爱他的。又过了一会儿，孩子实在憋不住了，终于坐起身来，主动跟爸爸进行交流，两个人的矛盾很快就化解了。

时至今日，我依然记得老师跟我们分享的这个小趣事，它让我明白了一个道理：父母和孩子之间的关系也是需要维护的，父母只有用言语和行动真正打动孩子，所说的话才能真正进入孩子的内心。就像传播理论里的信息传播一样，信息的传播者和接收者之间需要一个畅通无阻的传播渠道。只有这样，接收者才能准确接收并且理解传播者所发来的信息，在此基础上，还能对接收到的信息进行积极的反馈。在这种情况下传播者和接收者之间，才会随着信息传播的良性循环变得更加了解彼此。

那么，父母究竟应该怎么做，才能让自己所说的话真正走进孩子的心里呢？大家不妨一起来探讨。

1.父母要把对孩子的爱表达出来

中国的父母比较含蓄，往往会把爱放在心里，只是默默地关心孩子、帮助孩子，但是很多时候，这种情感表达方式并不能形成良性循环。当孩子很少从父母那里感受到明确的爱意之后，孩子表达爱的能力也会越来越弱，长此以往，亲子关系会变得越来越疏远，大家从彼此身上所感受到的爱，也会越来越平淡。这一点，我倒很认可西方表达爱的方式，爱就大大方方地说出来，没必要遮遮掩掩的。我之前从网上看过一个视频，怀孕的女儿把好消息写在纸上，传给了父亲，父亲看到这个消息后，大声地欢呼起来，并且热烈地拥抱着女儿。通过他们“夸张”的肢体语言，我能感觉到他们彼此之间的亲情有多么浓烈。人在面对一个深爱自己的人时，才能敞开心扉与对方交流。教育孩子也是如此，当你成为走进孩子内心深处的那个人时，孩子就愿意听你说话。

2.跟孩子交流要选择合适的时机

顺畅的交流需要天时地利人和，作为父母，要具备“察言观色”的能力，有些重要的话，最好选择孩子心情好的时候讲。前面案例中所说的那个老师，就非常会“察言观色”，懂得在孩子生气的时候保持沉默，然后在孩子心情舒缓的时候再讲话。如果孩子的心情持续低落或长久处于生气的状态，父母先不要着急说话，而应该想办法，帮助孩子把糟糕的情绪发泄出来。人在情绪平和的时候，才能更容易听明白对方所说的话；当他情绪低落时，你跟他讲再多的道理，对他而言也只是讨厌的耳旁风。

3.交流时应该搭配丰富的肢体语言

近些年，许多专家开始研究肢体语言对信息接收者所带来的影响，认为肢体语言会告诉对方你接收了多少有效信息。如果深入研究的话，你会发现细微的肢体语言，其实是一种非常有效的反馈，这会告诉对方，你究竟有多重视跟对方的交流。举几个简单的例子，当你跟孩子交流时，如果你双臂交叉，这种肢体语言就代表你不认可孩子所说的内容；如果你面带微笑，微微点头，这就代表你非常认可孩子所说的内容；如果双脚朝向门口的方向，或者不时东张西望，再或者时不时地低头看时间，说明你对这段交流已经开始感到厌烦了，着急想要做别的事情。

我跟程程交流的时候，会根据程程的情绪状态作出不同的回应：如果我发现她有点儿不开心，跟她说话的时候，我就会下意识地抱着她，然后用轻松的语调跟她说话；程程每次给我讲笑话，哪怕我觉得那个笑话并不好笑，也会作出特别感兴趣的样子，陪着她哈哈大笑。

交流是双向的，父母只有用心去听孩子说的每一句话，孩子才会以同样的态度回报你，倾听你所说的每一句话。说到底，想让孩子听进去你所说的话，除了需要掌握一些沟通技巧之外，最关键的一点就是要用心，只要付出真心、耐心和爱心，孩子一般都会愿意听。

拒绝孩子的不合理要求要注意这3点

当孩子跟我们提出不合理的要求时，作为父母，我们应该怎样拒绝孩子呢？是直截了当地对孩子说一句“不可以”呢，还是花很多时间去安抚孩子受伤的心灵呢？

相信大家对这样的场景一定不会陌生：孩子在商场里看到喜欢的玩具，哭闹着非要爸爸妈妈给他买，爸爸认为家里有一个类似的玩具，就拒绝了孩子的不合理要求。紧接着孩子开始号啕大哭，有些性格倔强的孩子甚至还会躺在地上不起来。这时候，我们应该怎么办呢？

有些心软的爸爸妈妈，看到孩子伤心的样子，可能就会改变主意，顺从孩子的意愿，把玩具买回来；而有的爸爸妈妈则会因为害怕在公共场合丢脸，一把拽起孩子，先离开这个场所再说。

当孩子跟我们提出不合理的要求时，我们应该怎么对待呢？我认为，无非就是帮助孩子画一个合适的圈，这个圈不能太大，否则会打扰到别人的生活；这个圈也不能太小，否则会约束孩子的天性。在这个适当大小的圈里，孩子能够游刃有余地成长，知道自己行为的边界在哪里，言行举止不仅要让自己舒服，也要合乎规矩，这样他才能真正成为一个自由而独立的生命体。鉴于这种教育理念，我认为，父母对孩子的爱可以是无条件的，但必须要有底线，当孩子提出了不合理的要求时，作为父母，我们应该及时地表示拒绝，而不能一味地宠溺孩子，否则会让孩子养成自私自利的不良习惯。

当然，拒绝也需要一定的说话艺术，我们不能冷冰冰地跟孩子说一句“不可以”，也不能把孩子一把拽起来拎走，这样会伤害孩子的自尊心，让孩子在外人面前很没面子。为了避免出现这些尴尬的局面，我建议父母在平时的教育中，就应该给孩子灌输一种正确的消费观，让孩子对合理和不合理的消费有一个简单的认识，大概知道自己提出的要求，哪些是合理的，哪些是不合理的。跟孩子有了这样的约定之后，当他在商场看到一个喜欢的玩具，而家里已经有了一个类似的玩具之后，他就能意识到，自己的这个要求是不太合理的，有可能会遭到父母的拒绝。这样一想，他就不会在公开场合一再哭闹，甚至躺在地上撒泼打滚，用威胁的方式逼父母把玩具买回家了。

当孩子通过哭闹或撒泼打滚的方式来向父母表达自己的不合理要求时，就说明父母在平时的教育引导方面已经出现了严重的问题：没有给孩子树立正确的消费观，也没有培养孩子的规矩意识。在这种情况下，父母不能用激烈的语言去拒绝孩子的要求，因为在孩子看来，他并不懂得合理与不合理的区别在哪里，当父母用冷冰冰的话语对他表示拒绝之后，一些心理脆弱的孩子甚至会怀疑父母对自己的爱。在这种情况下，父母用怎样的方式拒绝孩子就显得非常重要了。

程程小时候，我们带她出去玩，她提出的一些合理的请求，比如想坐一次旋转木马，想去一次游乐园，在时间允许的情况下我们会很乐意答应她的请求。但是有一次，我着急去商场换一件衣服，下午还有事要出门，就在这时程程看到了她平时玩的游乐场，就向我提出请求，想去游乐场玩一会儿。当时我看时间已经来不及了，但我没有直接拒绝女儿的请求。我知道，对于一个孩子来说，在游乐园玩一会儿，真的是一件很有诱惑力的事情，父母冷冰冰地直接拒绝，会让孩子的心情瞬间降到冰点。我想了一下，然后蹲下来跟程程商量："宝贝，这个游乐场的卡是磁卡，你知道，划一次卡原本可以玩一整天的，但我们现在只有20分钟的空余时间，妈妈觉得要是现在玩的话，非常不划算，你觉得呢？"程程听完我的解释，开始犹豫了起来，我趁热打铁说道："你如果还是想玩，那妈妈现在就带你进去玩。但是，如果你愿意接受妈妈的建议，下次有时间再来玩的话，妈妈答应你，下次会让你比平时多玩一个小时，可以吗？"程程听完我的话，开心地点了点头。

就我个人而言，我认为在拒绝孩子的不合理请求时，一般要注意以下3点。

1.要把拒绝孩子的理由讲清楚

当孩子对你提出了一个请求，你觉得他的请求不太合理时，那么你首先要做的事情是，要用孩子能够听得懂的语言，耐心地把拒绝他的理由讲清楚。比如你可以耐心地告诉孩子，那个玩具之前已经买过一次了，同样的东西再买一个，就有点浪费了；你还可以告诉孩子，这个玩具有点儿贵，爸爸妈妈觉得不划算，回头在网上看看价格再说。总而言之，这些理由要充分合理，这样更容易让孩子接受。

2.可以用另外一个合适的要求来替换

当你把拒绝孩子的理由耐心地解释给孩子听之后，如果孩子依然想坚持他的要求，那么你就可以跟孩子商量一下，能否用另外一个合理的要求来替换刚才那个不合理的要求。比如，你可以告诉孩子：“刚才的玩具已经有一个了，等会儿如果有更好的玩具，你重新挑选一个，可以吗？”“你如果不去游乐场的话，晚上我们回家，可以看一集动画片，好吗？”当你提出另外的替换条件时，可以把选择权交给孩子去考虑，这种做法会让孩子觉得父母非常尊重自己，在这种情况下，孩子起码愿意耐心听一听父母的意见，而冷冰冰地拒绝孩子，只会让孩子捂住耳朵，不愿意听父母的任何解释。

3.始终温柔而坚定地说出你的想法

不得不承认，在现实生活中，有些孩子因为缺乏正确的教育和引导，即便父母拿出十足的耐心与孩子沟通，孩子可能依然会采取比较激烈的方式去表达自己的要求，比如大声哭闹或撒泼打滚。在这种情况下，父母不用把孩子从地上拽起来，也不用因为生气而责打孩子，只需要静静地站在一边，让孩子尽情地哭闹发泄就可以了。孩子之所以会用这种激烈的方式向你表达请求，是因为他觉得这种方式对你非常有效，如果你以温柔而坚定的态度表达出你的决定，孩子觉得自己无论如何哭闹或耍赖都不能得到这个玩具，那么孩子慢慢就会自己起身，跟你离开。下次再遇到这样的情况，他回想起父母温柔而坚定的拒绝态度，自己就不愿意白费力气去哭闹或耍赖了。因为他知道，这种方式对父母根本不起作用。

拒绝孩子不合理的请求，要讲究方法和艺术，要让孩子心服口服地接受你的建议，心甘情愿地放弃当初不合理的要求，而不是屈从于父母的权威，被迫选择放弃。采用强硬的方式拒绝孩子的请求，会给孩子传达一种错误的观念，我之所以得不到这件东西，是因为我弱小，等我强大之后，就可以得到它了。那么，当你下次拒绝孩子时，孩子会采用更激烈的方式与你对抗，因为他觉得，只有强大的、厉害的人，才有可能掌握话语主导权。

第 5 章
懂得理解孩子，学会换位思考

我们很多时候不理解孩子突然爆发的小情绪，比如生气、愤怒或哭闹，很重要的原因在于我们没有真正理解孩子。我们应该反思，是否真正走进了孩子的内心世界，是否真正站在了孩子的角度看问题，又是否了解了孩子情绪产生的深层原因。

透过行为读懂孩子背后的感受和需求

如果有人问我，你真正了解自己的孩子吗？我不敢给出肯定的回答，因为孩子的世界丰富而细腻，一个小小的行为背后都可能隐藏着不同的心理需求，更别说各种纷繁复杂的行为了。

根据弗洛伊德的人格发展理论，孩子在不同的年龄阶段会有不同的需求，比如0~1.5岁的孩子正处于口欲期，喜欢吸吮乳汁或手指来获得安全感；1.5~2岁的孩子处于肛欲期，通过控制自己的排便来感受快乐。根据这些心理学理论，孩子在不同年龄阶段的行为似乎都能找到一定的心理学依据或规律，但真实情况远非如此，孩子在现实中的行为表现非常复杂，你要读懂他们行为背后的真正感想和需求，并不是一件容易的事情。一千个读者就有一千个哈姆雷特；同样的，一千种欢笑就有一千种欢笑的理由。如果说孩子的行为代表着一串串难懂的行为电码，而他们的父母则是最能够准确破译电码的人。

如果不是前不久发生的一件事情，我一直以为，孩子开心的时候会笑，伤心的时候会哭，我只需要通过孩子的行为来分析她的心情就可以了，一般情况下都不会出错。

有一次，程程学校的健美操社团选拔社员，程程很想参加这个社团。就在参加选拔的前几天，程程每天晚上写完作业之后都会主动练习舞蹈动作，看得出来她对这件事情非常重视。

后来程程如愿通过了初试和复试，但是在最后一次面试中却没有过关。那天我接她放学回家，得知这个消息后，我以为程程会很难过。然而，让我没想到的是，程程竟然笑着跟我说："没选上健美操社团挺好的，这样我可以把时间省出来做其他的事情。"我心想，不错，这非常符合我家闺女豁达的性格。走在回家的路上，程程显得格外兴奋，她主动请求我给她讲一个好笑的故事，并且一路上"哈哈哈"地笑个不停。来到公园，我让程程去跑步，结果程程懒懒散散半走半跑地跑完了一圈；晚上回到家后，她做了几道数学题，竟然也错得一塌糊涂，这跟平时那个细心的孩子判若两人。

回想起程程落选健美操社团之后兴奋得有些夸张的表现，再加上她跑步、做题的懈怠表现，我断定程程的情绪一定出现了问题，只是我没有发现而已。

接下来，我装作若无其事地问程程：“今天放学路上，你怎么突然想让妈妈给你讲一个好笑的故事呢？”

面对我突然的发问，刚才还一脸平静的程程，心理防线瞬间崩溃，然后委屈地抿着小嘴，眼泪在眼眶里打转。

“没有参加健美操社团，你很伤心对不对？”我赶紧起身，紧紧抱住女儿。这个时候，她最需要的就是一个温暖的怀抱。

“是的。”程程突然号啕大哭起来，伪装了一天的反常情绪，终于在这一刻崩溃了。

“那你怎么会想到让妈妈给你讲故事呢？”

“我听到好笑的故事，就不会哭出来了，我怕自己忍不住哭出来。”

那一刻，我突然感觉女儿长大了。在此之前，我一直觉得她是一个大大咧咧的小女孩，开心的时候就笑，伤心的时候就哭，简简单单，没心没肺。但是我忽略了一点，女儿在慢慢长大，她的思维方式会改变，认知能力也在逐步提高，有一天，她也会尝试用大人的思维模式和行为模式来伪装自己，让自己坚强，不让父母担心。

这件事情让我意识到，孩子的行为和心理之间没有一成不变的规律和法则，透过孩子的行为表象去窥探他的内心世界，是一件非常需要用心的事情。美国心理治疗师萨提亚曾经提出过“冰山理论”，“冰山理论”认为，我们平时所看到的行为，只不过是冰山一角，而大多数的行为，其实都隐藏在冰山之下，这些行为才是压抑在内心的、容易被我们忽略的“内在”。

因此，在平时的生活中，我们一定要提醒自己注意以下几点。

1.孩子行为出现反常，一定要多加关注

为什么说父母才是破解孩子行为电码的关键人物呢？是因为在长久的生活过程中，父母对孩子的性格会有一个大致的了解，孩子有什么样的行为表现，孩子的行为表现代表着什么样的心理，父母的判断一般不会出现大的偏差。在这种情况下，如果父母发现孩子的行为出现反常，一定要对孩子多加关注，因为在反常的行为背后，一定存在着特殊的原因。比如，有的孩子性格大大咧咧，最近几天却突然闷闷不乐，父母主动交流，孩子也不回应，那么父母一定要及时跟孩子进行深入的交谈，了解孩子在学校发生了什么事情。这种事情有很多相关的新闻报道，比如，有的孩子在学校遭受了霸凌，身心已经受到了严重的伤害，但是迫于对方的威胁而不敢回家告诉父母。在这种情况下，父母就应该及时观察孩子的异常行为表现，在必要的时候，甚至可以去学校找老师当面沟通。

2.要注意，孩子的行为表现不是一成不变的

父母千万不要给孩子的行为表现定性或贴标签，认为孩子的性格是大大咧咧的或内向文静的，因为你一旦给孩子贴上这样的标签之后，就容易陷入一种误区，习惯于将孩子的某种行为和某种心理联系起来。比如，孩子笑了就代表开心，孩子哭了就代表伤心。当你存在这种思维定式之后，就非常容易忽略孩子的一些异常行为表现，或者一些刻意伪装起来的行为表现。前面我举过女儿程程的例子，程程觉得因为落选而哭泣是一件非常丢人的事情，所以她选择用近乎夸张的兴奋来掩饰自己的心情，当她掩饰不下去的时候，紧接着又表现出懈怠和漫不经心。如果我忽略女儿的这种行为变化，选择用惯性思维去看待她的话，就会错失一个非常重要的心理疏导机会。

3.要多关注孩子“冰山之下”的行为表现

父母所看到的孩子的行为表现，有的时候只是孩子想让你看到的，而他真正的动机、想法和心事等，极有可能隐藏在“冰山之

下”，不想让你发现。在这种情况下，父母应该多花心思去关注孩子隐藏在“冰山之下”的行为表现，因为这才是孩子真实的心理状态和情绪状态。有时候，孩子遇到烦心事，不愿跟自己的父母交流，但却会跟自己的同学、好友交流，那么父母不妨花点儿心思，多接触孩子的朋友圈子，在合适的时候，向其他孩子打听自己孩子平时的行为表现。这些来自同学好友的客观评价，才是孩子隐藏在“冰山之下”的真实存在。

当然了，要想读懂孩子行为背后真实的感受与需求，最直接的方法还是与孩子建立亲密无间的亲子关系，努力打造一个顺畅、和谐的沟通渠道，与孩子成为无话不谈的好朋友，这样就可以随时随地了解孩子的真实心理状态了。

换位思考，站在孩子的角度看问题

古诗“横看成岭侧成峰，远近高低各不同”的意思是，同样一座山峰，你站在不同的角度去看它，它会呈现出不同的景致。看问题也是如此，站在大人的角度看一件事情会得出一种结论，而站在孩子的角度去看待它，有可能就会得出完全不同的结论。作为父母，我们首先要有这种“角度”意识，接下来才有可能考虑换位思考的问题。

程程有一只可爱的熊猫玩偶，她爱之如命，从小就教它学走路、学说话，甚至在吃饭的时候，还会给熊猫玩偶“喂点儿饭”。在程程小的时候，每次我要把熊猫玩偶塞到洗衣机里给它“洗个澡”，程程都会泪眼婆娑地趴在洗衣机门口，看着自己的熊猫宝宝在洗衣机里遭受磨难。我给她解释了很多遍“熊猫”跟她一样，也需要洗澡，这样才能保持健康。但无论我讲多少遍道理，只要我把熊猫玩偶放进洗衣机里，程程就会认为，她的熊猫宝宝在受罪。

有一次，我无意中跟程程聊起了一个有关安全的话题，我跟程程说：“如果咱们遇到危险，你要先跑，跑出去打电话报警，然后让警察叔叔来救妈妈。”程程默默地点了点头。紧接着，我又打趣地问了程程一个问题：“如果遇到危险，你只能救一个人，你是先救‘熊猫’呢，还是先救妈妈？”程程经过了一番痛苦的抉择之后，最终选择说：“先救‘熊猫’吧”。听完这个答案，我不禁有一些心酸，没想到，在程程的心里我竟然比不上一只玩偶熊猫重要。

后来，我又问程程：“你不爱爸爸妈妈吗？”

程程毫不犹豫地回答说：“爱！”

“可是，你还是选择了先救‘熊猫’。”

“爸爸妈妈是大人，可以救自己，可是‘熊猫’不会走路，也不会逃跑，我只能先救它啊！”

原来，这才是孩子的思维逻辑。孩子考虑问题的方式，跟大人有着很大的区别：大人遇到问题，会深入思考再去处理；而孩子的思维并不深刻，遇到问题，他只能看到表象，也只能“肤浅”地去处理问题。我们不能因为自己的成熟，就去苛责孩子的肤浅，也不能因为自己的理性，去苛责孩子的幼稚。

有一次，我遇到了一对母女，妈妈带着女儿去幼儿园橱窗里换礼物。这所幼儿园会给孩子发积分，等攒够一定量的积分之后，就可以根据积分换取不同的礼物。当时摆在这对母女面前的礼物有精美的日记本、漂亮的公主贴画以及各式各样的塑料玩具等。前台老师说，女孩的积分已经可以换一个日记本了，换日记本最划算。妈妈听完老师的建议，毫不犹豫地拿出积分，准备让孩子挑一个漂亮的日记本带回家。可是孩子迟迟没有选择，妈妈不停地催促孩子，孩子犹豫着说：“我想要那张公主贴画，因为家里的贴画已经贴完了。”妈妈着急地附在女儿耳旁说道：“一个笔记本需要十几块钱，而一张贴画只需要几块钱，再说了，贴画贴几天就完了，但笔记本可以写很多字呀。”听完妈妈的建议，这个女孩最终怏怏地接过了老师递过来的笔记本。

我在想，下学期当别的同学都在兴冲冲地积攒积分时，这个小女孩一定不会像从前那样热情了。大人眼里的世界和孩子眼里的世界有时候是完全不同的。同样一件事情，大人站在大人的角度，看到的是一个物品的价值，而孩子更在乎的是物品的意义。

曾经听过这样一个故事：一位妈妈带着一个小女孩去商场，小女孩站在熙熙攘攘的人群中，显得格外焦虑不安，一直嚷着要妈妈抱，可是妈妈觉得孩子太娇气，就是不愿抱她。这期间，妈妈的鞋带松开了，于是蹲下去系鞋带。这时候，她无意间抬头看了一眼周边的人群，当她仰望身边匆匆走过的人流时，突然体会到了孩子的彷徨与无助。在我们大人眼里，那些只不过是正常行走的人们，在一个矮小的孩子眼里却是一个个很有压迫感的巨人，这让她感觉非常不舒服。这个妈妈说，通过这件事，她终于懂得了孩子的视角是什么，以后看待任何问题她都会提醒自己，一定要站在孩子的角度去感受。

怎样才算站在孩子的视角去考虑问题呢？我认为，主要有以下几个方面。

1.孩子觉得是大事，那就是大事

以父母的阅历和经验来看，孩子认为痛苦的事情，在父母眼里都不算个事儿。因此，当孩子因为一些事情陷入负面情绪时，父母站在自己的角度，难免会觉得孩子有些娇气，在这种先入为主的观念支配下，父母往往会忽视孩子的情绪状态。这种思维方式是不正确的，我们应该以孩子的感受为基准，当孩子觉得某件事情是大事时，那就真的是大事。父母一定要严肃认真地对待这件事情，千万不要给孩子扣上“娇气”的帽子。

2.孩子觉得是伤害，那就是伤害

很多父母喜欢拿孩子的缺点开玩笑，觉得小孩子没有尊严，随便开开玩笑也没有关系，这种想法是不对的。再小的孩子也有尊严，大人开的某些玩笑，在大人眼里无所谓，但是在孩子听来，却是一种严重的伤害，因为孩子的世界远比成人的世界要脆弱。在日常生活中，我们一定要重视孩子的感受和意见，当你跟孩子无意间开了玩笑之后，发现孩子变得不开心了，那你就应当意识到这句话已经对他造成了很深的伤害，以后你也尽量不要再开类似的玩笑，而应该懂得尊重孩子。

3.孩子觉得有意义，那就有意义

大人喜欢用价值去衡量物品的重要性，而孩子往往从自己的兴趣出发，去考虑哪件物品对自己更有意义。小时候学过一篇语文课文叫《羚羊木雕》，这篇文章讲述孩子把家里一件贵重的工艺品“羚羊木雕”送给了自己的好朋友，结果却被自己的父母狠狠呵斥了一番。后来，父母还责令孩子去找好朋友把木雕要了回来。孩子说，当她把“羚羊木雕”拿回来的那一刻，她觉得自己是世界上最伤心的人，因为她伤害了自己的好朋友。

因此，建议父母不要总是以物质利益去衡量一件物品或事情的价值，物品再有价值，跟孩子健康快乐的心灵相比也算不了什么。我们要读懂孩子内心的真实想法，在物品不是特别贵重的前提下，建议父母尽量以孩子的意愿为准，孩子觉得有意义的事情，那就尊重孩子的意愿，把有意义的东西送给他，不要拿成人的标准去要求孩子。

当你真正站在孩子的角度去考虑问题时，才能理解孩子的一些想法和做法，你所以为的幼稚，在孩了眼里却是很有意义的事情。谁也没有权利对一个独立生命个体的想法和做法指手画脚，因为你不站在他的角度，根本不了解他的内心。

共情，给予孩子需要的认同感

哈佛大学教授Robert Kegan（罗伯特·凯根）把自尊分为三种类型：第一种类型是依赖型自尊，即一个人需要通过他人的鼓励和夸奖来获得自尊心和成就感；第二种类型是独立型自尊，即一个人对自己成就的评价只依赖于自我感受，不需要通过他人的鼓励表扬来获得成就感；第三种类型是无条件自尊，即自我成就感的获得，既不需要依赖别人的评价和表扬，也不需要自己的感受，成就感就客观地存在那里，不会因为任何人的评价或感受而改变或消失。一般人很难达到这个境界，除非是一些作出巨大成就的伟人，比如爱因斯坦，他的成就就不需要其他人来认同。

为什么要分析自尊心的类型呢？因为自尊心类型不同的人，对认同感的需求也有所不同。依赖型自尊是三种自尊类型里面最依赖他人的一种自尊，拥有这种自尊类型的个体，需要通过他人的表扬和鼓励来获得成就感。

对于儿童而言，特别是12岁以下的儿童，他们的自尊一般属于依赖型自尊，在他们眼里，父母和老师有着绝对的权威，在很多时候他们特别希望通过老师和父母的表扬与鼓励，来满足自己的自尊心和成就感。

不可否认的是，依赖型自尊的确会束缚孩子的个性发展，让孩子过多依赖外界的评价和表扬，而不是通过自我反省和自我发展的方式来获得自尊。但是，我们必须要尊重儿童的成长规律，对于12岁以下的儿童而言，大多数孩子确实无法达到独立型自尊的阶段，对于他们而言，父母和老师的表扬与鼓励的确非常重要，这是我们无法忽视的一个事实。

鉴于这个事实，在与12岁以下的儿童相处时，我们一定要具备强大的共情能力，站在孩子的角度去看问题，尽可能多地给予孩子表扬和鼓励，让孩子获得更多的成就感。而这份成就感，则会激励孩子在今后的学习中更加努力上进。

大家都知道，爱迪生是一个伟大的发明家，他发明了留声机和电灯泡等，一生有2000多项发明、1000多项专利。我们不知道的是，这个天才发明家背后，还有一个伟大的母亲，他的母亲在爱迪生成长的过程中，永远在鼓励他、支持他。据说这里还有一个感人的小故事，我们来看一看。

有一天，爱迪生放学回家后，拿出一封信交给了妈妈，并跟妈妈说，老师说这封信只能妈妈一个人看。爱迪生妈妈接过这封信，看完信上的内容之后有点儿伤心。爱迪生好奇地问妈妈："信上写了什么内容？"妈妈说："信上写的是'夫人，你儿子实在太优秀了，我们这所学校太小，恐怕教不了他，您还是带回家自己教他吧。'"后来，爱迪生妈妈就把爱迪生领回了家，亲自教儿子学习。爱迪生问的问题，妈妈能回答出来，就认真给他解答；如果回答不了，就让他自己去看书。后来，爱迪生妈妈发现自己的儿子对数理化非常感兴趣，平时喜欢动手做一些实验，于是她就把家里的阁楼改造成了实验室，让爱迪生去做实验。

若干年后爱迪生成为了伟大的发明家，有一天他在收拾东西时，发现了当年老师让自己带回家的那封信件，只见信上写着这样一句话："你的孩子有智力障碍，不能留在学校，只能退学。"看到这里，爱迪生泪流满面，他感慨道："如果没有母亲，就不会有我的这些发明。”

如果爱迪生的妈妈像老师那样认为他是一个智力有障碍的孩子，选择破罐子破摔，那么爱迪生也不可能成为发明大王。无独有偶，童话故事大王郑渊洁小时候在学校总是与其他同学格格不入，老师出的题目是《早起的鸟儿有虫吃》，他自己非要改个题目，写了一篇作文，名字叫《早起的虫儿被鸟吃》，结果被老师狠狠批评了一通。后来郑渊洁在学校的表现越来越与其他人格格不入，最后甚至被学校劝退了。在这种情况下，郑渊洁的父亲并没有责怪儿子，而是选择把儿子带回家来，自己亲自教他学习。儿子喜欢写作，他就支持儿子写作；儿子喜欢天马行空地幻想，他也支持儿子的幻想：后来终于成就了一个童话故事大王。

看完这两个名人故事，我想说的是，在孩子处于“依赖型自尊”这个年龄阶段时，我们就不要吝惜自己的夸赞，一定要变着花样地夸奖孩子，总有一天，孩子会令你刮目相看。

建议在平时的生活中，父母要常把以下几句话挂在嘴边。

1.哇，你真是太厉害了

孩子完成的每一个作品，父母都应该及时给孩子送上一句大大的表扬，夸赞他“你真是太厉害了”，满足一下孩子的成就感。在平时的生活中，程程给我展示每一个绘画作品或者手工作品时，我总是会夸赞她：“哇，你真是太厉害了，妈妈都做不到。”听完我的夸奖，程程会甜甜地笑一笑，接下来，她会更加努力。有一天，程程爸爸的单位需要孩子配合画一幅画，我看了一下主题，还是有点儿难度的，然后我们找程程过来商量，问她敢不敢挑战，没想到程程毫不犹豫地答应说：“哈哈，这对一个小画家来说，一点儿都不难。”

2.加油吧，爸爸妈妈相信你

当孩子跟你说出他的梦想时，你千万不要嘲笑他的梦想不切实际，而应该鼓励他一句：“加油吧，爸爸妈妈相信你。”孩子的梦想很简单，而且是五花八门的。父母没必要以成年人的视角去看待孩子这些漫无边际的梦想，只需要努力夸奖他就可以了。在我们眼里，程程可以成为画家，可以成为钢琴家。看完奥运比赛之后，程程跟我说，她想成为一名长跑运动员，在这种情况下我不会反驳她的任何想法，只会卖力地鼓励她：“好啊，那你加油，努力，爸爸妈妈相信你。”

3.哇，你是怎么做到的

如果你夸孩子一句“你真棒”，孩子会感到很高兴，但是，如果你发挥出高超的共情能力，对他的努力有强烈的认同感之后，再加上一句“哇，你是怎么做的？”这句话会让孩子感觉到，你对他的夸奖是真心实意的，并没有敷衍他。程程每次让我看完她的作品之后，我会夸她特别厉害，紧接着，我还会跟她说一句“哇，你是怎么做到的？跟妈妈讲讲好不好？”当我用崇拜的眼神望向女儿时，我能看到女儿眼里的自豪与骄傲，然后她就会点点头，特别认真地把她的思考过程和操作过程仔细地跟我说一遍。这句追问，会让孩子觉得：“原来，我真的这么厉害，就连妈妈都想知道我是怎么做到的。”

夸奖孩子是一个事半功倍的教育方法，说不定哪天夸着夸着，就夸出了一个优秀的孩子。如果父母连夸奖孩子都做不到的话，那么就应该好好反思自己的教育方式了。

当孩子情绪失控时，怎么办

孩子3岁左右，就进入了第一个叛逆期，在这个阶段，孩子会萌发自我意识，喜欢坚持自己的意见，往往表现得比较固执、敏感。当他提出某一要求，而父母无法满足他们时，他们通常的做法就是哭闹、反抗，表现出一系列情绪失控的行为。另外，这个阶段的孩子认知能力和思维能力尚未发展成熟，当他们遇到一件无法解决的问题时，就只能通过发泄情绪的方式暂时让自己舒服一些。

很多父母跟3岁左右的孩子相处时，感到最头疼的问题，就是无法教会孩子正确控制自己的情绪。在生活中，孩子总是容易被各种各样的事情干扰，进而出现剧烈的情绪波动。

下面，我们先来看两个案例。

一位妈妈带4岁的女儿来公园玩耍，女儿出门时骑了一辆粉红色的自行车，非常漂亮。公园当时有很多小朋友在玩，不一会儿另外一个小女孩走了过来，她似乎被这辆漂亮的粉色自行车吸引，然后未经小姑娘的同意，她就骑上了自行车。4岁的小女孩看到这一幕，突然像受惊一样，紧紧抓住自己的自行车号啕大哭起来。这时候，妈妈走过来安抚她说："小朋友只是喜欢你的自行车而已，你让她骑一下可不可以？"结果，小女孩紧紧地护着自己的自行车，拼命地摇头说"不可以"。

另一位妈妈带5岁的儿子东东在游乐场玩耍，东东花了好长时间才用积木搭起了一个漂亮的房子。可是，从旁边突然跑过来一个年纪相仿的小男孩，小男孩不小心撞在了东东刚刚搭建好的漂亮房子上面，只听"轰隆"一声，房子全部倒塌了，东东瞬间大哭起来。妈妈安抚着伤心的东东，对他说："过一会儿，咱们再拼一个好吗？"结果，伤心的东东听不进任何人的劝慰，扑上去与撞倒积木的小男孩扭打在一起，妈妈怎么拉都拉不住。

这样的场景，几乎每天都在发生，对新手父母来说，最头疼的问题不是照顾孩子的衣食住行，而是安抚孩子随时可能出现的各种负面情绪。

我在养育程程的过程中，也遇到过同样的问题，因此对孩子情绪控制问题的思考便提上了日程。我尝试过很多帮助孩子控制情绪的办法，比如，我会给孩子留出足够的冷静期，让孩子的情绪得到充分宣泄，然后再找机会跟孩子好好沟通；再比如，我会在孩子陷入悲伤或愤怒情绪的时候，尽可能找其他话题来转移孩子的注意力。总而言之，帮助孩子控制情绪的办法有很多，在一定程度上，这些方法都能够让孩子比较好地缓解自己的负面情绪。

然而，这些方法并不能从根本上解决问题。我意识到，我们对情绪的认识并不深刻，对情绪产生的深层原因也缺乏了解，这才是导致问题无法解决的根本原因。后来，我发现了“ABC情绪疗法”，才对情绪产生的深层机制有了进一步的了解。下面，我就来跟大家具体介绍ABC情绪疗法。

ABC情绪疗法是由美国心理学家艾利斯提出来的，这里的A即activating event，指的是诱发情绪的事件；B代表belief，指的是人们对诱发事件所持有的信念，也就是对这件事情的认知或评价；C

代表consequence，指的是所引发的情绪后果和行为后果。在我们的习惯性思维里，当我们产生某种负面情绪时，通常会把情绪的原因归咎于某一具体的事件，即把C产生的原因归结于A。举前面的例子，东东的积木被另外一个男孩推倒了，所以东东显得非常生气，妈妈认为，东东生气的原因是因为发生了“积木被撞倒”这件糟糕的事情。而事情的真相并非如此，产生负面情绪的根本原因并不是这件糟糕的事情，而是东东对这一事情的看法，东东认为那个推倒积木的小男孩非常淘气，非常可恨，那个小男孩是故意把玩具推倒的，所以这个行为非常让人生气。因此，东东愤怒情绪产生的根本原因，是B（belief），即他对这件事情的看法导致的，而不仅仅是因为事件本身。

了解了ABC情绪疗法之后，我们就可以比较客观地认识自己的情绪，同时了解情绪产生的真实原因。我们只有找到了情绪产生的真实原因，才能够想到更好的解决办法。

上面的分析让我们知道，真正让我们产生负面情绪的是我们对事件的认知和评价。要管控情绪，最根本的办法就是要从认知和评价入手，改变自己对某件事情不理智的思维方式。

根据艾利斯的理论，人之所以会产生负面情绪，正是因为这些不理智的思维方式在作怪。那么，我们这种不理智的思维方式究竟是如何产生的呢？接下来，有必要进行深入的剖析，来找一找这种思维方式背后的运行规律在哪里。

1.喜欢把事情恐惧化

在现实生活中，有些人总喜欢把一件简单的事情恐惧化。常见的思维方式是“万一发生什么事，我该怎么办？”人一旦陷入这种无止境的恐惧假设之中，就会被各种负面情绪困扰。前面案例中的小女孩，别人只是走过来骑了一下她的自行车，小女孩的情绪就崩溃了，开始号啕大哭起来。她之所以会出现这样的情绪反应，是因为在她的潜意识里产生了一种恐惧信念：“万一她把我的自行车骑走怎么办？那我不是没有自行车啦！”在这种恐惧思维的支配下，孩子就会表现得无所适从，进而陷在负面情绪的旋涡里无法走出来。

2.喜欢把事情合理化

这种思维方式的特点在于，人们希望这个世界按照自己的想法去运行。比如，你觉得随地乱扔垃圾是不合理的，作为一个现代社会的文明人，怎么可以做出这种没有素质的事情呢？当你把这件事情合理化之后，就很难接受一些与你观念不符合的人或事。这些人或事，一旦没有按照你设想的轨迹去运行，就会让你陷入一种气愤的情绪之中，无法自拔。“他怎么可以这样？”“他为什么要这样？”当你无数次反问自己的时候，就会让自己的情绪变得越来越恶化。

当孩子的认知能力和理性思维尚未发展成熟的时候，非常容易陷入合理化的思维方式里。他会觉得“这个玩具明明是我的，你为什么拿着我的玩具？”“我明明想要看动画片，你为什么不让我看动画片呢？”“我就是不想吃饭，你为什么非要逼我吃饭呢？”当他按照这种合理化的思维去考虑问题时，他的烦恼也就源源不断地产生了。

3.喜欢把事情片面化

我们看一件事情，应该看到它的全貌，而不是他的某一方面，如果你只看到它的某一方面的话，情绪就非常容易被这一方面影响。举个简单的例子：有这样一个小男孩，他的运动能力特别强，百米赛跑总是全班第一；他的字写得也很漂亮，经常被老师表扬。但是，小男孩的计算能力不太好，一做数学题就出错，每次错了之后，他总会伤心好几天，会觉得自己是一个很笨的小孩。这就是把事情片面化之后所产生的不理智思维方式，小男孩没有看到自己身上其他的闪光点，太过于关注计算方面的弱点，这样一来自己的情绪就非常容易被它影响，从而变得闷闷不乐。

通过以上分析，大家有没有对情绪形成的原因有一个深入的了解呢？下次，当孩子出现负面情绪后，我们可以深入分析孩子的思维方式出现了怎样的问题，这样我们才好对症下药，找到安抚孩子情绪的好办法。

如何正确安抚孩子的各种小情绪

前面，我们详细讲述了艾利斯的ABC情绪疗法，了解到情绪产生的深层原因不是诱发情绪的具体事件，而是人们对诱发事件的认知和评价方式不同。接下来，我们可以对症下药，找到一些可以帮助孩子正确管控负面情绪的好办法。

我们先来看一个案例。

5岁的明明从幼儿园回来之后，特别不开心，妈妈问他怎么了，明明哭着说："今天放学的时候，我想约小飞一起到公园玩一会儿，但是小飞理都不理我，直接跑开了。我觉得小飞一定是不喜欢我了。"

妈妈听完明明的解释，再看看儿子脸上委屈的眼泪，心疼地说道："他不喜欢跟你玩，那你以后也不要跟他玩，自己玩也挺开心的。"

案例中的明明被朋友拒绝之后，非常伤心，在这种情况下，妈妈一看到儿子受委屈，心里就受不了了，于是会下意识站在儿子的立场上，帮孩子出气，说以后再也不要跟小飞玩了。妈妈的这种做法是错误的，她会让儿子觉得，与人交往是一件非黑即白的事情，如果对方不能让我满意的话，那我就远离他好了。这样的做法不利于培养孩子理性的认知能力，如果不能客观评价他人和事物，而只以喜好来选择交往对象，只会让孩子身边的朋友越来越少，等孩子将来进入社会后，会很难遇到知心的朋友。因为每个人身上都有缺点，如果你因为一个缺点就否定了一个人的话，那么你将很难找到可以交心的好朋友。

明明的妈妈如果了解了ABC情绪疗法之后，对这件事情的处理也许将会理智得多。下面就以明明的故事为例，来分析一下正确管控情绪的方法是什么。

1.先要认识孩子的情绪

当你发现孩子闷闷不乐或者非常生气之后，首先应该对孩子的情绪有个正确的认识，了解孩子的情绪是由什么原因引起的。通常，父母会认为，小飞不懂礼貌，直接拒绝了明明的邀请才是导致明明闷闷不乐的原因。但是，我们了解了ABC情绪疗法之后，就应该认识到，这种思维方式是不正确的。明明生气的真实原因，是他自己对这件事情的看法不够理智和全面，这才让自己的情绪变得越来越糟糕。如果明明妈妈明白了这一点，就不会站在儿子的立场上，把一切原因都归咎在小飞身上。

2.帮助孩子反思自己的思维方式

孩子小，不会反思自己的思维方式，意识不到自己认知上的错误，这时候就需要父母及时站出来，帮助孩子反思自己的思维方式。在这个案例中，明明妈妈问清事情的缘由之后，应该这样来安慰孩子："妈妈知道你被小飞拒绝了，一定非常伤心，不过妈妈认为，不是因为小飞不喜欢你才拒绝你的邀请，也有可能是因为小飞今天的心情不好，或者是家里出了什么事情，他才没有心思和你玩。等过几天小飞情绪好了，你再约他一起玩，好不好？"

当然，在帮助孩子反思自己的思维方式时，父母尽量不要用说教的方式去引导孩子，而应该通过聊天的方式，在不动声色的交流中让孩子习得一种新的思维方式。

3.让孩子重新调整自己的情绪

如果明明能够意识到，小飞是因为遇到了伤心的事情才拒绝了他的邀请，那么明明就不会像之前那样伤心了。因为明明转变了思维方式之后就明白了一件事情，小飞并没有不喜欢自己，只是暂时不愿意出来玩而已。同样一件事情，当你对它作出不同的评价之后，会发现自己的情绪状态有了完全不同的变化。举个简单的例子：如果你不喜欢红色，一看到红色就觉得非常烦躁，那么你不如换个思维方式来重新看待这件事情，可以想象红色代表着喜庆，代表着希望，其实也没有那么差。在这种心理暗示和思维逻辑的引导下，慢慢地你就不会那么排斥红色了。

世界上的很多事情，其实都可以通过改变我们的认知方式或思维方式来重新看待，不同的认知视角会带来不同的情绪体验。想要消灭这些困扰我们的负面情绪，首先就要想办法不断调整我们的思维方式，让自己更舒服地接受这件事。

在前面，我们曾系统分析过“恐惧性思维”“合理性思维”及“片面性思维”这些错误的思维方式，也认识到，这些错误的思维会对我们的认知和评价带来了不利影响。那么，在面对问题时，我们就要提醒自己，不要陷入这些不理智思维方式的怪圈，让自己的情绪受到影响。

程程上次没有如愿进入健美操社团，我和她深入聊天之后，才知道程程伤心的真正原因，是害怕自己以后再也没有机会跳舞了。

我明白，程程是被“恐惧思维”支配了，害怕“万一没有人选健美操社团，以后就不能跳舞了”。了解到程程真正的想法之后，我跟程程说：“跳舞的梦想可以有很多种实现形式，并不一定非要通过加入健美操社团才能实现跳舞的梦想。过两天，妈妈带你去学校门口那家舞蹈室去看一看，如果你喜欢的话，我们每周可以抽一小时时间去那里学舞蹈。”程程听完之后很开心地同意了，换个地方来跳舞，一样会感到开心，根本没必要为一些没那么可怕的事情而烦恼。

程程小时候帮我挑选衣服，她自己非常喜欢粉色，所以会挑选一些粉粉嫩嫩的衣服让我穿。碍于程程的面子，我假装放在身前比画比画，但是真正结账的时候，并不会购买这些衣服。程程看到我没有接纳她的意见，就会有点儿伤心。我知道，这其实是“合理性思维”在操控她的情绪。她认为，粉色是最好看的颜色，当她发现我竟然没听取她的意见，而是选择了灰色或白色的衣服之后，她就有点儿伤心了。此时，我会告诉程程，这个世界上每样东西都有自己的形状，不一定是圆的才好看，或方的才好看，你可以认为圆的很好看，我也可以认为方的很好看，大家都可以有自由选择的权利，不能强迫别人接受你觉得对的事情。在日常生活中，我会不断用这种思维方式引导程程，从而让她的思维变得更包容、更开放一些，这样她的心灵才不会那么容易受伤害。

除此之外，我还努力教育程程和希希，让她们尽量全面地看待一件事情。小时候我看电影或电视剧时，总喜欢追着爸爸妈妈问剧中哪个是好人哪个是坏人。在我小时候的思维方式里，人只有好人和坏人之分，然而等长大之后我才发现，这种非黑即白的思维方式非常容易让自己受伤害。慢慢地，我不断调整自己的思维方式，让自己学会一分为二地看待人和事。

我先生对我说过一句话，世界上没有那么多非黑即白的事情，往往都是以灰色的形式存在的，当我们用灰色视角去看待这些事情之后，就不会那么生气，或难过了。有的人喜欢用善良回报善良，而有的人却会用恶意去回报善良。不同的人，有不同的思维方式，有不同的选择方式，我们不能让世界上的其他人按照我们所设想的那样去做，否则只会给自己徒增烦恼。

现在的我，会不断调整自己的思维方式，直到自己对事情可以有更加客观和理智的评价。而我也会将客观、全面、豁达的思维方式努力教授给我的两个女儿，我希望她们明白一件事情：如果我们无法改变糟糕的事情，那就努力调整我们的思维和认知，努力让自己变得开心一些。

第 6 章
懂得赞赏，你就能看到孩子惊人的改变

赞美和鼓励对孩子而言，实在是太重要了，它能给孩子带来继续前进的勇气和动力。但是，赞美并不是一句简简单单的“你真棒”，因为这只会让孩子感觉你的赞美很敷衍。有高情绪价值的父母，会真诚、具体地夸赞孩子，让孩子充满自信和快乐。

只要用心发掘，每个孩子都有优点

我们就是打着灯笼，也找不出一个全身上下都找不到一个优点的孩子来吧？如果孩子在父母的眼里满是缺点的话，只能说明一点，这样的父母本身就不合格。只要我们用心发掘，每个孩子身上都能找到优点。

多年前，大学老师带着我们教育学专业的学生去市郊一所工读学校慰问。工读学校里的孩子都是因为不好好学习，在社会上犯了严重错误又达不到法定刑事责任年龄，才被送到这里来接受教育的。我们去的主要目的，是与这些孩子聊天、互动，让他们感受来自社会的温暖。我记得这些孩子的脸庞大多都很稚嫩，在聊天的过程中，我注意到一个笑起来还有点儿羞涩的男孩，这个男孩虽然染着黄色的头发，看起来十分“非主流”，但他说起话来却非常腼腆，实在让人难以想象他是一个犯过严重错误的男孩。

在聊天的过程中，我得知男孩的父母忙着做生意，虽然在物质生活上并没有亏待他，但却从来没有给过他任何关爱，从小就把他扔给爷爷奶奶。平时缺少管教的他，做事随心所欲，就这样长大了。爸爸妈妈回到家，看到男孩糟糕的样子，也从来没有过耐心地教育和引导，只有满脸的嫌弃。后来，男孩索性自暴自弃，连学校都不去了，和几个男孩跑去勒索其他孩子。

我在翻看男孩书桌的时候，发现了一个笔记本，上面密密麻麻抄写着很多流行歌曲的歌词。

“你会唱歌吗？”我问男孩。男孩羞涩一笑，身边的其他孩子起哄说：“他会唱。”

“那你给我们唱首歌吧！”在我的一再鼓励下，男孩终于站了起来，给我们唱了一首歌。当时大家都觉得他唱得很好听。

“你唱歌这么棒，以后说不定能做个歌手。好好努力，没准下次见到你，就是在你的演唱会上了。”

临走时，男孩跑过来对我说：“姐姐，还从来没人这么夸过我。”听完这句话，我陷入了沉思。

想到这事，我突然感觉非常心酸，在这个男孩成长的岁月里，他甚至没有得到过父母的一丝关爱与夸奖，就连他唱歌唱得这么好，也很少得到别人的夸奖。如果他的父母在他小时候经常夸一夸他，那么在他的生命里至少还能感觉到有一束温暖的光芒。等他进入叛逆期，如果父母能尽早发现他的问题，早点儿鼓励鼓励他，挖掘一下他喜欢唱歌的优点，而不是嫌弃他、责骂他，那么他也不会自暴自弃，误入歧途。

当你觉得自己的孩子不够优秀时，你需要静下心来，多想想孩子身上的优点，我不相信世界上存在一无是处的孩子，只要你愿意发现孩子身上的闪光点，那么孩子也会愿意努力表现给你看。孩子之间有个体差异，但每个孩子都有各自的优势，父母要正确地评估孩子，也要深入了解孩子的个性特点、兴趣特长：有的孩子才思敏捷，天生就是当作家的好苗子；而有的孩子喜欢动手研究航天模型，天生就有做航天设计师的潜力；就连一个喜欢跑步的孩子，未来都有可能成为运动场上惹人注目的“飞人”。我们并不缺少一个完美的孩子，缺少的只是一双发现孩子长处的眼睛。如果你愿意睁大眼睛，看看孩子身上的闪光点，那么你很有可能看到的是一个浑身发光的孩子。

当然了，要想发现孩子身上的优点，还得适当降低自己的期望值。如果你发现眼前的孩子让你越来越失望时，你可以回过头来，反思自己对孩子的期望值是否太高了。很多中国父母都爱拿“别人家的孩子”来跟自己的孩子做比较，目的是为了给自己家的孩子一个奋斗和努力的目标。但事实上，这样做不仅难以起到一种激励作用，还会损伤孩子的自尊心、上进心，甚至影响孩子对父母的信任，导致孩子与父母关系越来越疏远。与其打击孩子的上进心，伤害孩子的自尊心，倒不如降低对孩子的要求，或许能收获另一种惊喜。

教育学上有个“摘桃子”理论：只有把桃子放在一个孩子踮起脚尖就能够得着的地方，他才愿意努力去够桃子。如果你一开始就把桃子放得很高，孩子无论怎么努力都够不到的话，那么他只会立即放弃努力，连试一试的信心都没有了。有一次我接程程放学回家的路上，听到一位爸爸对儿子说：“爸爸知道你已经很努力了，你只要不断努力，就会有进步的希望。你这次虽然考了倒数第一，但是可以努力，下次考倒数第二、倒数第三，再过几年，你就能进班级前十名了。”乍听到这段对话，我的第一反应是觉得好笑，但紧接着，我又非常感动——这位爸爸在面对“儿子考了倒数第一”这个冰冷的现实的时候，还能看到儿子身上的优点——很努力，并且相信，儿子只要努力，就会有进步的希望。

我在想，孩子考倒数第一，可能有多方面的因素，比如智力、天分等很多客观因素，但是至少在赞赏孩子这一方面，这位爸爸是值得我们所有父母去学习的。只要用心发掘，哪怕面对一个在众人眼里很“糟糕”的孩子，我们也能看到孩子身上的一点点优点，然后努力帮助孩子，一点点地发扬它。

赞美和鼓励对孩子有多重要

我小时候，父母的教育方式比较传统，他们很少跟我说一些赞美和鼓励的话，但是在我的记忆深处，依然记得好几个温馨的场景。当内敛的父母笑着对我说“我家闺女这么棒”的时候，我的骄傲与自豪，在生命里荡漾了很久很久。

三年级时，我写的一篇作文被当作范文在全班展示。后来，爸爸知道了这件事情，他当时并没有跟我说什么。直到有一天，家里来了一位教语文的叔叔，他是爸爸的好朋友，两个大男人聊着聊着，爸爸竟然骄傲地在朋友面前提起了我写的那篇小作文，而且还特意拿了出来，让那位叔叔来点评。那一刻，我从爸爸脸上看到了满满的开心和自豪，那是她小女儿写的优秀作文啊！

初一时，我在城里一所中学读书。第一个学期，我竟然考了个全年级第一名。老师要求全年级第一名要在年级大会上分享学习经验，我把这件事情告诉了父母，我以为父母不会过来，因为当时他们正忙得焦头烂额。结果，演讲的当天，我正站在高高的讲台上跟同学们分享学习经验时，突然看到在密密麻麻的人群后面出现了一个熟悉的身影——那是我的妈妈。当时的她，一脸激动地站在人群最后面，听她的女儿演讲。

散会后，妈妈走了过来，递给我一个香喷喷的面包，然后笑着摸了摸我的脑袋。我知道，她的言外之意是“女儿，你真棒！”

我知道，父母一直在用这种方式，委婉地赞美、鼓励我。而我也很享受父母的这些赞美和鼓励，在生命中的很多年里，父母的鼓励一直是照射进我生命的光，为了这束光，我一直很努力地在学习和生活。

多年后，我成了两个女孩的妈妈，与父母相比，我对孩子表达赞美和鼓励的方式要直接得多。我经常毫不吝啬自己对程程的夸奖，把我所能想到的美好的词语都用在了她的身上，虽然有些“矫情”，但我知道，赞美和鼓励对孩子的成长有多么重要。

在和皮皮鲁的对话录中，郑渊洁正话反说，描述了家长“毁掉”

孩子的7种不当言行。其中一条是这样说的："让孩子觉得自己什么都不行，没人赏识他。例如学习不行，长相不行，交际不行，干家务不行，让家人为他受累……总之，他没有行的地方。"另外一条是这样说的："你一定要当着外人的面损他、贬他，让他无地自容。从心理学角度讲，这样做能使一个人产生惧怕社会的心理，产生自惭形秽的念头，而一个惧怕社会和自惭形秽的人是很难立足于社会的。"

郑渊洁用正话反说的方式，讽刺了那些总喜欢打击孩子自尊心的父母，如果你想要一个糟糕得不能再糟糕的孩子，那么很简单，你只要时时刻刻贬低他，看不起他就可以了。一个孩子，如果他非常糟糕、非常差劲，就连父母都接受不了他的缺点，那么他又如何能期待别人去接受他的缺点呢？真正爱孩子的父母，会穷尽一生的力量，努力把自己的鼓励变成他生命里的一束光，而不是打击他、指责他。

当你面对一个不完美的孩子时，如果你觉得失望、有挫败感，那么不妨换个思路，使劲地夸夸他，凡事都会触底反弹，等你夸他一段时间，回头再来看看孩子的表现，或许你会收到一份意外的惊喜。

1.赞美会让孩子越来越自信

如果有人夸你笑起来真好看，那么你会不由自主地笑一笑，把自己最美丽的一面展示给大家；如果有人夸你气质好，你走起路来，身板不由地挺直了很多：这就是赞美所带来的神奇力量，无论是谁，都很受用。你的赞美，会让孩子变得越来越自信。被赞美得多了，就连他自己都会产生一种“错觉”——原来我这么厉害呢！当他有了“优秀”的意识之后，紧接着行动上也会作出相应的改变来。

暑假回老家，我教还在上幼儿园的小侄子学写字，小侄子淘气、好动，根本静不下心来写字。我回家之后，跟小侄子商量，让他每天写4行字，写完就可以随便玩。第一天，小侄子慢吞吞地写了好久，不过等他刚写完第一行字，我就向他竖起了一个大拇指，夸奖他写字很认真，运笔也有力度。不仅如此，我还把他写的字特意拿给他身边的爷爷奶奶看，让爷爷奶奶一起夸奖他。写完当天的字之后，我会在作业末尾给他打一个大大的对号，并且写上日期，作为“打卡记录”。就这样，我每天花费很大精力用在表扬他的写字态度、写字规范程度上面，就这样原本淘气的小侄子在我的“糖衣炮弹”轰炸之下，竟然坚持写了一暑假字。而且，他对写字这件事，还有了十分的自信，觉得自己已经算是一个会写字的小学生了，比幼儿园大班其他宝宝都要棒。因此，当你对一个孩子已经束手无策时，那就拼命地夸奖他，变着法儿夸奖他，夸到他不努力都觉得对不起他自己的地步，事情没准就有转机了。

2.鼓励会让孩子变得越来越完美

如果你希望自己的孩子越来越完美，而你暂时又没有其他更好的办法的话，那就使劲地鼓励他吧。与打击孩子相比，鼓励至少能让孩子感觉“原来我也没有很差劲”。

曾有这样一个妈妈，她的儿子学习成绩不太理想。参加家长会的时候，老师跟她说，她的孩子很难考上重点中学，等她走出教室门，看到一脸期待的儿子时，她却笑着对孩子说：“老师说你学习特别勤奋，考上重点中学很有希望。”结果这个孩子后来真的考上了重点中学。面对同样一个事实时，换个积极正面的说法来跟孩子沟通，也许会产生意想不到的效果。作为父母，我们不可能掌握所有的教育方法，但可以掌握一些沟通技巧和表达的艺术，尽量把一些消极、负面的话语，通过艺术加工转变为积极、正面的话语用来鼓励孩子。在这样源源不断的鼓励下，孩子会变得越来越优秀。

从现在开始，请收起你的指责和抱怨，好好夸夸你眼前的这个孩子，而不是想象中的那个孩子。也许，现在的他在你眼里并不完美，但是我们可以用源源不断的赞美和鼓励，让他变得越来越完美。

赞美孩子要真诚、具体，不要敷衍

我们不仅要经常赞美孩子，而且在赞美孩子的时候也要讲究方法和技巧，不能用简简单单的一句“你真棒”作为万能的夸奖方式。如果孩子每一次取得进步时，你都夸他一句“你真棒”，时间久了，孩子就会觉得你在敷衍他。我们在赞美孩子的时候，一定要真诚、具体，让孩子感觉你真的看到他进步的那一面了。

一个小女孩在玩数字通关游戏，她在闯过第3关之后，开心地跑过来把这个消息告诉了自己的爸爸。爸爸听说之后，高兴地夸赞女儿说：“宝贝儿你真聪明，这么快就通过3关了。”结果孩子听到爸爸的夸赞之后，不仅没有感觉开心，反而不想再玩游戏了。爸爸问她怎么回事，女儿回答说："爸爸，我之所以能通过3关，并不是因为自己有多聪明，而是因为我运气好，如果单凭聪明的话，我可能连第2关都过不了，我还是不尝试第4关了，因为我没有那么聪明。"

其实，很多时候夸奖孩子"你真聪明"并不是明智的做法，你会让孩子觉得，他所取得的一切成绩都是因为自己聪明，而不是因为自己努力。今后，在做任何事情的时候，一旦失败了，他很可能会归咎于"我可能比较笨""我可能没有那么聪明"，而不会从自身其他方面找原因，比如认为"我没有用心""我没有努力"等。

我们在夸奖孩子的时候，一定要夸到点子上，要让孩子通过夸奖变得更加努力，而不是让他觉得自己有多么聪明，根本不用怎么努力，就可以比别人更优秀。

接下来，我想跟大家分享一些比较好的夸奖孩子的方式，大家在教育孩子的过程中不妨尝试一下。

1.你这几天明显进步了不少

我们要把夸赞的点，放到孩子的努力上面，因为只有不断努力的人，才会不断进步。如果孩子这几天的表现与前几天相比，有了一点点进步，那么你就可以这样夸奖孩子："宝贝，你这几天明显进步了不少，看来你是真的努力了。”这句夸奖，会让孩子觉得，努力是一种非常优秀的品质，那么接下来为了得到更多的夸赞，他会变得更加努力。

2.我觉得你的想法非常棒

当孩子独自完成了一件手工作品时，你不要简单夸赞一句“你很棒”，这句话跟我们之前说的“你很聪明”其实没有太大的差别，会让孩子变得更加盲目自信。在这种情况下，你应该这样夸奖孩子，你可以跟他说：“我觉得你的想法非常棒。”“我觉得你的想法非常独特。”这会让孩子觉得，你注意到了他的创意是与众不同的。今后，他在做事情的时候，一定会多花点儿心思在创意上面，让自己的作品显得更加与众不同。

3.你遇到困难没有哭，妈妈觉得你很棒

在孩子成长的过程中，总会出现各种各样的意外，比如，孩子在学走路的时候可能会摔跤，学吃饭的时候可能会撒得满地都是，入学的时候可能会考试失利……如果孩子在遇到困难的时候没有哭哭啼啼，那么妈妈完全可以趁机夸赞孩子，跟他说一句：“你遇到困难没有哭，妈妈觉得你很棒。”这句夸奖，会让孩子变得更坚强。

4.你学会了分享，妈妈觉得你真了不起

孩子小时候，随着自我意识的逐渐觉醒，他会把自己的物品看得特别牢，别的小朋友碰一下都不行。但是随着孩子逐渐长大，父母有必要对孩子进行教育和引导，让孩子逐渐学会分享物品。分享品质的培养，离不开父母的夸赞，当孩子第一次把自己的玩具拿出来跟其他小朋友分享的时候，妈妈一定要及时夸赞孩子，跟孩子说：“你能跟小朋友分享玩具，妈妈觉得你很了不起。”这样的夸赞，会让孩子获得两份快乐，一份是分享的快乐，一份是得到父母表扬的快乐。

5.你能虚心接受别人的批评，妈妈真为你高兴

孩子都有尊严和脸面，并不是所有的孩子在面对别人批评的时候，都能虚心地接受。很多孩子只喜欢听别人的表扬和夸赞，而接受不了别人对自己的批评。面对这种情况，父母如果想要改变孩子的问题，那么就要找机会多夸夸孩子虚心的一面，让他知道，虚心也是一种良好的品质。程程小时候，我们就跟程程说过，别人批评你，指出你的错误，是为了让你变得更好，你应该心怀感恩，而不是心存抱怨。如果孩子听进了你的建议，在你批评他的时候，没有表现出排斥或抱怨，那么你应该在事后及时对他的改变作出表扬，让他明白虚心接受别人的意见是一件比接受夸赞更有勇气的事情。

会夸奖孩子的父母，一定在用心夸奖孩子，他能看到孩子每一

个进步背后的具体细节，然后抓住这些小细节，使劲地夸。对具体细节进行夸赞所产生的激励效果，远比一句简简单单的“你真棒”要好得多。今后我们在夸赞孩子的时候，别再敷衍一句“你真棒”就算完事，而应该认真观察孩子各种表现的具体细节，让孩子感受到你夸赞的诚意。

孩子失败时，应该鼓励而不是责骂

人不可能永远一帆风顺，失败这件事似乎总是如影随形。因此，成长就要学会与失败共处，学会在失败中汲取教训，让自己成功的次数多一点儿，再多一点儿。失败对于每个孩子而言，都应该成为他们成长路上的必修课，孩子在小时候经历一些失败，可以让自己的内心变得更加强大。

尽管孩子经历一些失败未必是坏事，但是在孩子失败时，作为父母的我们应该多给予孩子一些鼓励，让孩子学会从失败中爬起来继续往前走，而不是一味责骂他，让孩子失去继续努力的勇气。

记得我上幼儿园时，有一次学校要选拔跳舞的孩子，我和邻居家的女孩一起报了名。邻居阿姨对这件事情非常重视，每天下午都会带着女儿练舞蹈动作，后来我选上了，邻居家女孩却没有选上。在我们放学回家的路上，邻居阿姨一脸凝重，紧紧拽着她女儿的手，边走边指责她说：“看看你，学习学习不行，跳舞跳舞不行，你说你到底能干什么！”女孩听完妈妈的话，拼命憋着眼泪，结果妈妈又训斥道：“人家跳舞都选爱笑的女孩，你看看你，整天摆个臭脸给谁看？要是我做评委，也不会选你。”听完妈妈的话，女孩再也憋不住了，眼泪扑簌扑簌滚落下来。我看到这一幕，感觉非常心痛，她没有选上，心里已经很难过了，妈妈再狠狠训斥她，不是让她更难过吗？

这件事情一直留在我的脑海里，我永远记得那个女孩泪流满面的模样。她在失败的时候，只想得到妈妈一个温暖的拥抱，想让妈妈帮她擦干眼泪，然后告诉她：“没关系的，舞蹈并不是全部，你还有其他闪光点，妈妈觉得你跳得已经很好了。”作为父母，我们就是孩子的大树，在孩子失败的时候，给他遮风挡雨，这样他才有力量继续前进。

我们希望孩子一生顺风顺水，希望孩子能按照我们所设想的那样，成为各门功课都优异的孩子，但是天底下没有这么多如意的事情。如果孩子的学习成绩不尽如人意，作为父母，我们不得不伪装自己的愤怒和抱怨，然后笑着鼓励孩子："没关系，从哪里跌倒就从哪里爬起来，失败并不可怕，可怕的是走不出失败的阴影。"收起自己的委屈和抱怨，成全孩子的信念，要让孩子相信失败并不可怕，要让孩子明白无论眼前多么艰难，只要坚持往前走，终有一天会看到希望。父母与孩子相比，心理耐受力要强大得多，在孩子脆弱的时候，父母唯有坚强，才能给予孩子勇气。

我们常说要有"同理心"，就是说，我们要站在对方的角度去考虑问题。我们平时总是教育孩子要有同理心，要关心别人，爱护别人，这句话同样适用于我们父母。那么，面对一个心情沮丧的孩子时，我们应该做些什么呢？

1.理解孩子的沮丧

当孩子心情沮丧时，我们首先应该理解孩子的沮丧，在同一个困难面前，大人觉得它只有40分的难度，在孩子的眼里，它却可能有90分的难度。在这种情况下，我们没必要对孩子冷嘲热讽，更没有必要去呵斥孩子，而应该设身处地想想孩子的心情，然后抱一抱孩子，对孩子说："我知道这让你很难过，你要是难过的话就大声哭出来，或者跟爸爸妈妈聊一聊，千万别憋在心里。"当你真正理解了孩子的情绪之后，孩子才有勇气将自己的情绪完全发泄出来。

2.帮助孩子分析失败的原因

等孩子的心情平复下来之后，我们应该帮助孩子分析失败的原因，看看这次失败是因为自己不够努力，还是其他原因。找到失败的原因之后，我们再告诉孩子今后应该朝哪些方面去努力：如果是因为自己不够努力，那么接下来就要摆正自己的学习态度，认真做好每一件事情；如果是其他客观因素，我们能避免的避免，不能避免的就要说服自己努力适应它。失败的意义在于让我们避免再次失败，倘若我们不够努力，让同样的失败屡次上演，那么失败就变得毫无意义了。

3.陪伴孩子度过低谷期

等孩子心情调整好，也知道自己失败的原因之后，父母应该陪伴孩子度过这段低谷期。情绪的调整需要一段时间，而不是简简单单几句话就能调整好。当你跟孩子交流的时候，孩子在当下可能觉得自己心情已经变好了，但是等你离开他之后，孩子有可能又会陷入情绪的低谷之中，无法走出来。因此在接下来的一段时间，父母应该拿出足够的耐心和爱心，陪伴孩子度过这段情绪反复的低谷期。经过一段时间的陪伴之后，如果你发现孩子真的已经从情绪的低谷中走出来了，这时你才可以慢慢放下心来。

我记得，自己从小到大，每次考试成绩出来之后，父母对我从来没有反常的态度：如果我考得特别好，爸爸妈妈会表扬我一下，鼓励我继续努力；偶尔成绩出现波动，爸爸妈妈也从来没有批评过我，只是让我把做错的题彻底弄懂，今后避免出现同样的错误就可以了。在我的意识里，失败不是一件特别可怕的事情，因为我一想到父母的鼓励和支持，就觉得这个世界上没有什么过不去的坎。

如何保护孩子的兴趣和好奇心

保护孩子的兴趣和好奇心其实非常简单，那就是尊重孩子的意愿，他喜欢的事情，你给他足够的时间和空间，让他去尝试就可以了。孩子真正感兴趣的事情，他自己会去坚持，坚持不下去的事情，说明并不是孩子真正感兴趣的事情。从某种意义上来说，兴趣也需要优胜劣汰，能坚持下来的必定是孩子的真爱。把握住这一原则，一般情况下都能保护好孩子的兴趣和好奇心。

但是，我们在保护孩子兴趣和好奇心时，要有一个前提，那就是这种兴趣和好奇心能对孩子的个人发展带来益处，起码不会消耗孩子的时间和精力，让孩子沉迷在一些无聊的事情上。简单来说，有的孩子喜欢看电视，但看电视这种事情大多会消耗孩子的时间和精力，对孩子的个人发展不能带来更大的帮助，那么这种兴趣和好奇心就不应该被毫无原则地保护。当然，严格来讲，这是一种消遣性的娱乐，而非真正的兴趣。

曾有教育专家把好奇心分为两种：一种是消遣性好奇，另外一种是认知性好奇。消遣性好奇，是指人们容易对新鲜的事情保持关注，但是等新鲜劲儿过去之后，兴趣就会大大减少；消遣性好奇会消耗我们大量的时间和精力，让我们的关注点集中在一些肤浅的事情上面。而认知性好奇则是一种更深层次的好奇心，它会推动我们发掘事物背后的奥秘，逐渐对事物有更深层次的认知和理解。应该注意，我们所要保护的孩子的兴趣和好奇心，应该是一种认知性的兴趣和好奇心，它能带领孩子不断探索新奇事物，让孩子对某种事物有更深层次的认知和理解。这样的兴趣和好奇心，才值得我们去保持和维护，那些诸如看电视、打游戏之类的兴趣，顶多算作一种娱乐活动，偶尔玩玩便好。

如果孩子对某一事物产生了认知性的兴趣和好奇心，父母应该大力支持孩子才对。要知道，兴趣和好奇心能激发并提升许多有益于孩子成长的能力，比如思维能力、认知能力、理解能力，甚至持久的意志力。可以说兴趣和好奇心，就像一颗不断生根发芽的种子一样，能衍生出许多枝叶来。父母应该竭尽所能地保护孩子的兴趣和好奇心，不要认为这些事情会干扰学习。

电视剧《小欢喜》里的英子，业余爱好就是研究天文、探索宇宙，在高三之前，妈妈还算支持女儿的这些兴趣爱好，但是等女儿进入高三之后，妈妈认为这些兴趣会影响她的学习，所以严禁英子再去天文馆做志愿讲解员。英子拼命求妈妈，让自己再去最后一次，强势的妈妈坚决反对，甚至跑到天文馆里去阻止孩子。英子妈妈的这种强势做法，不仅没能扼杀英子对天文学的强烈爱好，反而让英子的心情变得郁郁寡欢，甚至有了抑郁症的倾向。

我看到英子在天文馆做志愿讲解员时整个人都是神采奕奕、容光焕发的，可以看出，这个孩子是发自内心地热爱天文学。如果我是英子的妈妈，会毫不犹豫地支持孩子的这种兴趣和爱好，哪怕她到了高三学习最紧张的时刻，我也会支持她，当然也会提醒她，一定要平衡好学习和兴趣之间的关系。这么做，既能锻炼孩子的自主管理能力，也能让孩子的大脑在学习之余得到很好的调节和休息。

父母的关注是保护孩子兴趣和好奇心的一个关键因素。伦敦大学伯贝克学院的卡特琳娜·别古斯曾经做过一个指向游戏。别古斯分别选取了两组年龄在16个月大的婴儿，然后分别跟这些婴儿进行了完全不同的互动。当她和第一组婴儿待在一起时，她会热情回应婴儿所指向的东西，还会与婴儿一起熟悉这些物品的名称和功能。当她和第二组婴儿待在一起时，她对婴儿的指向采取了冷漠的态度，有时候婴儿指向什么物品，她甚至还会故意说错。后来，她发现，得到热情回应的婴儿，他们指向物品的频率，要比被冷漠对待的婴儿指向物品的频率要高得多。根据这个实验，别古斯得出了一个结论：父母的关注和回应能够让孩子对某一事物或事件保持持久的热情和兴趣。这个实验提醒我们，当孩子对某件事情产生了兴趣和好奇心时，父母应该对孩子作出一些积极的回应。比如，我们可以在以下两方面积极地回应孩子。

1.帮助孩子购买维持兴趣所需的器材

如果孩子告诉我们，他对哪件事情产生了浓烈的兴趣，作为父母我们就应该毫无保留地支持他。如果孩子因为维护兴趣需要购买一些学习器材或实验器材，父母应该尽力帮孩子采购，这会促使孩子将自己的兴趣坚持下去。程程有段时间对科学实验产生了兴趣，我便从网上给她买了一整套科学实验器材，晚上有空的时候，我和先生会一起带她做一些小实验，比如“瓶子吹气球实验”“冰山实验”等，我觉得这些兴趣能调动她的思维活动，也能锻炼她的动手能力，这是一件很好的事情，我们肯定会大力支持。

2.在孩子暂时遇到困难时，鼓励他

把兴趣坚持下去并不是一件容易的事情，孩子在坚持兴趣的过程中，偶尔会遇到暂时的困难和挫折。这时候，作为父母的我们，应该主动站出来，鼓励孩子克服困难，把兴趣坚持下去。我们应该让孩子明白一件事：任何事情都不可能一帆风顺，即便是自己非常感兴趣的事情也是如此，它不仅需要投入大量的时间和精力，也需要投入持久的耐力和毅力，暂时的困难和挫折不应该成为放弃兴趣的理由。爱迪生那么喜欢做实验，灯丝实验失败了1000多次才成功。如果爱迪生缺乏持久的耐心和毅力，即便他对实验持有浓烈的兴趣，也不可能成为伟大的发明家。

如果孩子有积极的兴趣和爱好，作为妈妈，我肯定会竭尽所能地支持孩子做他喜欢的事情。能把一个兴趣做成一个事业，是一件了不起的事，证明孩子具有持久的注意力、耐力和毅力。孩子如果拥有了这些宝贵的品质，那么在学习方面也不会表现得太差。

第 7 章
接纳孩子，接纳不完美的自己

世界上没有完美的孩子，有的只是在父母的教育和引导下变得越来越完美的孩子。我们总爱对孩子提出一些不切实际的要求，却不曾考虑过孩子从未对我们有过太多的要求和期望。孩子对父母的爱，一直都不掺杂任何功利色彩。

接纳孩子的不完美

泰戈尔曾经写过许多赞美儿童的诗歌，其中有一首诗歌叫作《孩子天使》，在这首诗歌中，诗人泰戈尔通过对比手法，揭示了孩子与成人两个完全不同的世界。

他们喧哗争斗，他们怀疑失望，他们辩论而没有结果。

我的孩子，让你的生命到他们当中去，如一线镇定而纯洁之光，使他们愉悦而沉默。

他们的贪心和妒忌是残忍的；他们的话，好像暗藏的刀刃，渴欲饮血。

我的孩子，去，去站在他们愤懑的心中，把你的和善的眼光落在他们上面，好像那傍晚的宽宏大量的和平，覆盖着日间的骚扰一样。

我的孩子，让他们望着你的脸，因此能够知道一切事物的意义；让他们爱你，因此使他们也能相爱。

来，坐在无垠的胸膛上，我的孩子。朝阳出来时，开放而且抬起你的心，像一朵盛开的花；夕阳落下时，低下你的头，默默地做完这一天的礼拜。

在这首散文诗中，泰戈尔把对童真的珍惜和尊重表达得淋漓尽致。在有些人看来，孩子只是成人身边的附属品，但在泰戈尔的眼里，孩子却像天使一般，给人们带来光明、友谊和爱情，孩子纤细的身躯里隐藏着伟大的灵魂。而大人与孩子相比，他们的世界却显得那么复杂。

孩子来到这个美好而又复杂的世界，像一张洁白无瑕的纸，他们等着和父母一起，在这张纸上涂上美丽的色彩。长大之后，这些孩子有的成了老师，有的成了作家，还有的实现了小时候的梦想——成了一名火车司机。但是，如果我们回望孩子的成长历程，就会发出这样的感叹：这些小天使刚来到我们身边的时候，并不是完美的小孩，比如他爱撒娇爱哭鼻子，他倔强不听话，他淘气起来简直像个小恶魔……他们虽然不完美，但却依然不妨碍他们是我们心底最可爱的小天使。我们爱他们的完美之处，同时也接纳孩子身上所有的不完美，这才是真正无私的爱。

就像一个小学生曾经写的自白书："我是一个不完美的小孩，有一点儿任性有一点儿嚣张，有一点儿好胜有一点儿小气，有一点儿倔强有一点儿叛逆，有一点儿疯狂有一点儿脾气，我是一个不完美的小孩，自己的缺点自己全知道，在所有人艳羡我优点的时候，我希望你能与众不同，接受我的缺点。"

当我们因为孩子各种各样的缺点而感觉烦躁时，我们可曾想过一个问题，我们的孩子从来没有挑剔过我们身上的缺点。他们对我们的爱，也从来没有掺杂过一丝一毫的功利心，他们从没期盼我们从一个普通的公司职员晋升为一个公司高管，给他提供优越的物质生活，也从没因为我们平时对他的唠叨或指责，就打心底里不喜欢我们，顶多只是抱怨一下而已。可是，我们与他们相比，总是显得功利了许多，他考90分的时候，我们期望他能考100分；他唱歌跳舞都很棒，但我们却希望他在学习上表现得更出色一些。总而言之，我们面对孩子不完美的时候，缺少了许多包容心和同理心。

程程小时候，我们玩一个小游戏，我跟她说："我手里有一根魔法棒，可以把身边的人变成各种各样的小动物，不信你指一下，我变给你看。”程程听完我的话，立即指了指爸爸说：“我想把爸爸变成一头可爱的小猪。”然后，我假装挥舞了一下魔法棒，再冲程程爸爸眨了眨眼睛，程程爸爸立即心领神会，然后“哼哼哼”走到了程程面前。

我问程程：“如果爸爸真的变成了一头小猪怎么办？你就没有爸爸了。”

“爸爸变成小猪，也还是我的爸爸。”程程搂着爸爸的脖子说道。

“可是猪很脏啊，随地大小便，那爸爸晚上就不能上床睡觉了。”

“那也没关系，我不嫌爸爸脏，我天天给他洗澡。”程程笑着说。

“还有一个问题，爸爸变成小猪的样子，别人看见他，把他抱走怎么办？”

“那我就天天牵着他，反正这是我的爸爸，他变成小猪，变成小猫，都是我的爸爸。”程程依然紧紧地搂着爸爸的脖子。

你看，我们从来不知道，孩子有多么地爱我们，哪怕我们变成奇怪的样子，孩子也依然深爱我们，一点都不嫌弃。看看孩子的表现，回过头来，再看看我们对孩子的态度，总喜欢拿他跟“别人家的孩子”作比较，总想把他摆弄来摆弄去，希望他变成我们心里所期待的样子。这种现象，在心理学上叫“心理投射”。下面，我们就来了解“心理投射”的具体含义。

心理投射，在心理学上是指个体将自己的思想、态度、愿望、情绪、性格等个性心理特征，不自觉地反映在外界事物或者他人身上的一种心理作用。很多妈妈正是通过投射机制把自己的各种心理投射给了孩子。比如，“要面子”是把竞争和压力投射给孩子，希望孩子能够变得优秀，实现自己所达不到的人生高度；追求完美是个性和童年经验的投射，希望把自己小时候未能实现的理想通通强加到孩子身上，希望孩子能够替代自己满足小时候的心愿；担忧是恐惧和焦虑的投射，妈妈觉得不好好学习，孩子将来就得跟自己一样辛苦工作以求生存，所以就把这种担忧转移到孩子身上，希望孩子能够通过刻苦学习改变自己的命运。

在“投射”心理的驱使下，父母总会下意识地把焦虑和担忧转给自己的孩子，恨不得在孩子身上装个按钮，“啪”的一下，孩子就学会了数理化，再“啪”的一下，孩子马上就能变得坚强、勇敢、乐观、自信。父母一旦开始有了“投射”心理之后，就会不由自主地夸大孩子身上的不完美之处，而忽略孩子身上的闪光点。

因此，我们要时刻提醒自己，孩子是一个独立的生命个体，我们可以努力让他变得越来越完美，但这一点儿都不妨碍我们要以足够的包容心去接受孩子身上的不完美。孩子正因为有不完美的地方，才给我们父母提供了许多教育的空间，如果孩子一生下来就是全能的“小神童”，那我们父母将会缺少许多跟孩子共同成长的乐趣。

接纳孩子的叛逆，陪他慢慢成熟

我一直认为，孩子应该经历一些叛逆，只有经历过叛逆的阵痛，才能真正成长为一个心智成熟、性格健全的人。孩子的一生，需要经历3个叛逆期，分别是2~3岁叛逆期、7~9岁叛逆期、12~18岁叛逆期。只要孩子在叛逆期的表现不是太出格，那么父母就不必太过焦虑和慌张，因为那是孩子在努力“破壳而出”，是在接受生命的洗礼。

有一个男孩上初三那年突然喜欢上了摇滚音乐，晚上回到家也不想好好学习，就想弹吉他。他说，他还想组建一支摇滚乐队，为此还把几个同班同学拉进了这个圈子。男孩的班主任看到男孩这个样子，就把他爸爸叫到了学校谈话，建议让孩子早早学习一门技术，以后还能赚钱养家，如果像现在这样“混”下去，将会一事无成。但是，男孩的爸爸听完老师的建议之后，并没有生气，回到家也没有责骂儿子，只是语重心长地告诉儿子：“初三了，该把心思放到学习上了。如果你想要组建乐队的话，爸爸也支持你，不过最好还是等中考完再说，到时候爸爸还会给你当观众。”听完爸爸的话，男孩的内心并没有产生一丝一毫的波动，他依然想坚持自己的追求，晚上回家之后还是只顾弹奏吉他，只不过为了不让爸爸失望，他都是偷偷摸摸地进行。

有一个周末，男孩清晨5点多起床，想去洗手间，当他经过洗手间的时候，突然发现爸爸在厨房给他做早餐，从后面望过去，爸爸的身躯竟然有了一些佝偻，头顶也有了几丝白发。那一刻，男孩突然觉得自己很不争气。他回到卧室，静静地躺了两个小时，然后走出门外，对爸爸说了一句话：“爸，我先不搞什么乐队了，我想好好读书。”“那你好好读吧，爸爸给你做好后勤工作。”爸爸听完儿子的话，既感到惊喜，又感到意外。

男孩的叛逆期就这么过去了。

父亲为他做早饭时佝偻的背影，头顶几缕有点泛白的头发，突然让男孩感觉到了父亲对自己浓烈的爱，被爱猛击之后，他突然觉得自己长大了。

很多孩子的叛逆期，都是在父母日复一日的包容和关爱里顺利度过的，而那些没能顺利走过叛逆期的孩子，身后往往都有一对不够用心的父母。心理学研究表明，在儿童时期有叛逆精神的孩子，更容易成为心理健康、独立坚强、宽容有爱的人，而丝毫没有叛逆表现的孩子，往往在性格上趋于软弱和顺从。因此，叛逆不是孩子的错，正确的教养方式才是关键。如果父母能够了解孩子每一种叛逆行为背后的原因，给予孩子充足的关注与关爱，那么孩子慢慢就会变得理智和成熟。

下面，我们再来看一个反面案例。

7岁的涛涛已经上小学一年级了，最近妈妈发现涛涛明显变得不听话了许多。早上上学时，妈妈看到外面有风，担心涛涛着凉，就拿出了一件马甲让涛涛穿上。可是涛涛穿上马甲之后，觉得自己看起来有点儿臃肿，就不乐意穿，几次拒绝。妈妈眼见劝说不了涛涛，就喊来涛涛爸爸，想让涛涛爸爸给儿子“讲讲道理”。

涛涛爸爸走了过来，不由分说地扯过马甲，套在了儿子身上，并严厉地说：“快点儿穿上。”涛涛听了爸爸的话，不耐烦地说：“我一点儿都不冷，不想穿。”爸爸听完这话，明显有点儿生气，于是威胁儿子说：“今天不穿马甲，就不要去上学了。”倔强的涛涛听完爸爸的话，竟然放下书包，转身就回到了自己的卧室。

七八岁的孩子，自我意识已经得到了很大的发展，这个阶段的他们，觉得自己是个小大人了，可以为自己的事情做主了。他们希望通过自己做主的方式，来证明自己长大了。如果家长没有给孩子足够的权利，他们就会表现出偏执、发脾气等一系列的叛逆行为。案例中的涛涛爸爸在面对孩子的叛逆行为时，单纯依靠威胁的方式逼迫孩子穿马甲，反而会激起孩子更强烈的对抗意识，孩子索性真的不去上学了。

前面两个截然相反的案例告诉我们：在面对叛逆期的孩子时，一定要采用“温水煮青蛙”的方式来感化孩子，无论孩子表现得多么叛逆，多么不可理喻，都不能采用激烈的方式去与他做对抗，因为这只会让孩子的叛逆情绪变得更加严重。建议父母在面对叛逆期的孩子时，最好采取“你动我静”的策略，这就好比跟孩子打一场太极拳，任你狂风骤雨，我只悠然出拳，以四两去拨千斤。以暴制暴，只会让孩子的叛逆表现得更加明显。

但是，这种悠然的心态，也应该有最基本的原则，比如孩子在表现出难过、伤心和气愤等状态时，父母一定要引导孩子慢慢学会用正确的方式去表达自己的情绪，不能让孩子因为情绪上来了就肆无忌惮地去发脾气。我看到有些叛逆期的孩子在面对父母的教育时，会大声怒吼父母，有的甚至对父母动手，这种极端的叛逆形式一定不能纵容，否则只会让孩子变成一个具有暴力倾向的人。

孩子每一个叛逆期的平稳过渡，都需要有个高情商的父母。在这些阶段，父母的处理方式会造成两种结果：一种是让叛逆期变为成长期，一种是让叛逆期变为问题期。如果父母采用强硬对抗的方式，而不是采用温和的语言、爱和规则来帮助孩子规范自己行为的话，那么孩子将无法顺利度过人生中的这些叛逆期。要记住，父母只有全力接纳叛逆期的孩子，孩子才有可能接纳叛逆期的自己。

共情，不是无原则地放纵孩子

我们要学会与孩子共情，站在孩子的角度去理解他的各种小情绪，当他伤心的时候，感受他的悲伤；当他快乐的时候，分享他的喜悦。但是，真正的共情并不意味着我们要以孩子的情绪为支点，来调整我们的教育方式。如果孩子在发泄情绪的时候超越了本该有的教育原则和底线，那就不能一味纵容孩子的情绪，而应该采取温和而坚定的方式，教会孩了正确处理自己的情绪。

可是，在很多时候，父母在面对一个情绪崩溃的孩子时，往往会显得手足无措，不知道正确的应对办法是什么？脾气暴躁的父母可能会选择以暴制暴的方式来压制住孩子的情绪，对着孩子大吼

“再闹，你给我试试看”或者“不听话就把你赶出家门”之类的话。内心柔软的父母，则可能会选择用妥协的方式来顺从孩子的情绪，比如他会用“不要哭，妈妈带你去吃好吃的”或者“我给你买个新玩具，别难过了”之类的话安慰孩子。

这两种教育方式都是不可取的，因为恐吓、威胁的话语会伤害孩子的自尊心，减少孩子的安全感，而采用贿赂、哄骗的方式息事宁人，则会让孩子学会“情绪勒索”。

让我们一起来看一个例子，看看面对闹情绪的孩子时，一对美国夫妇是怎么做的。

这是美国一个幸福的五口之家。爸爸是大学教授，妈妈原本也是大学老师，但为了孩子，选择在家做全职妈妈，他们有3个孩子，最小的刚两岁。有一天，大家正在后院聊天，孩子们在屋子里玩耍。这时，房间里突然传来一阵孩子的啼哭声，原来是小儿子凯文哭了，妈妈赶紧进屋哄他。

可是，妈妈越安慰，凯文的哭声却越来越大。妈妈轻抚着他的后背，慢声细语地说：“宝宝，你很难过是不是？你想要什么呢？”凯文却不搭理妈妈，仍然哭个不停。爸爸走过来，弯腰想把凯文抱起来，可他拼命挣扎着不让爸爸抱。妈妈见此情景，就对爸爸说："我们离开，让他自己待一会儿吧。"紧接着，她蹲下身子，抚摸着孩子的胳膊说："凯文，妈妈知道你感到很烦躁，你想哭就哭吧，我们都不打扰你了，如果你想找爸爸妈妈，我们就在阳台上。"说完她站起来，示意其他人继续进行各自的活动。

这个案例中美国夫妇的做法非常棒，值得所有父母借鉴。首先，凯文的爸爸妈妈在孩子哭泣的时候，并没有选择漠视，而是走过去，抚摸孩子的后背，试图抱起孩子，并用温柔的话语询问孩子到底怎么了。这种积极的回应，会让一个正处于情绪旋涡的孩子，感受到被人关注的幸福感和安全感；如果父母在面对孩子哭泣时，不予理睬，那么时间久了，孩子的情感就会变得越来越冷酷。哭闹是孩子表达情感的一种方式，也是孩子治愈感情创伤的必要过程，等他哭够了，他自然会平静下来。强行制止孩子的哭泣会让孩子情绪低落，打不起精神，对什么都不满意，因为他的负面情绪没有机会发泄，受到的创伤也没有机会愈合。

其次，凯文妈妈安抚了凯文之后，发现凯文的情绪越来越失控，这时她选择暂时离开，让凯文自己尽情地哭一会儿。妈妈的这种做法，是在告诉孩子：你可以尽情释放自己的情绪，但是爸爸妈妈绝对不会一直陪着你，你总得要学会自己安抚自己的情绪，等你调整好自己的情绪，就主动过来找我们。

这个案例，启发我们思考：面对一个情绪崩溃的孩子，我们应该持有什么样的态度？

1.无条件接受孩子的所有情绪

作为父母，我们应该无条件接受孩子的所有情绪。孩子在不能正确表达情绪之前，会下意识用哭闹、发脾气的方式来舒缓内心的情绪，同时试图以此来博得父母的关注。在这种情况下，孩子出现情绪波动是很正常的，如果把负面情绪压抑下去，反而会阻碍孩子情绪的缓解，时间长了会让孩子的情绪变得更加糟糕。解决情绪问题就像疏导洪水，洪水来了，不能“只堵不疏”。因此，父母没必要强行压制孩子的负面情绪。在此情况下，高情商的父母会蹲下来抱抱他、拍拍他，告诉他你能明白他的感受，然后等孩子情绪稍微平复之后，再跟孩子好好沟通。

这两年，流行一种“漠视孩子情绪”的教育方法，一些父母曾在网上上传孩子哭闹的视频：孩子趴在地上伤心哭泣，父母站在旁边，一边冷冷地拍摄着视频，一边“炫耀”自己的教育多么有原则。其实，这种漠视孩子情绪的做法会让孩子缺乏安全感。在孩子哭泣的时候，你可以不纵容，但前提是你应该先走过去抱抱孩子，起码让孩子知道，父母很理解他此刻的心情。

2.无条件接受，并不代表无原则纵容

父母还应该知道，共情并不意味着一味纵容孩子，放任孩子被负面情绪吞噬。这对孩子而言，其实是一种不负责任的表现，因为他并不知道自己的情绪界限在哪里。比如，孩子生气了，刚开始只是哭闹，但后来演变为“暴力倾向”：摔东西、动手打人、歇斯底里。这时候，我们就不能坐视不管，任由孩子去发泄自己的情绪，因为这会让孩子产生一种错觉，反正我在生气，想做什么都可以，爸爸妈妈会理解我的。其实，正确的做法是，等孩子发泄完情绪之后，要对孩子这种无原则的行为进行一定的“惩罚”，比如：可以罚他在房间里冷静半个小时，让他反思自己刚才摔东西的行为是否合适；或者让他出去捡瓶子赚钱，重新把摔坏的东西修好等。要让孩子知道，情绪发泄是要有底线的，如果超过了一定的行为界限，给别人造成了困扰，那么就必须为自己的坏情绪造成的后果承担责任。

3.教育孩子学会正确表达情绪的办法

在平时，父母应该有意识地教孩子学会使用一些表达情绪的词语，比如“喜欢”“不喜欢”“想要”“不想要”“开心”“不开心”“生气”“愤怒”等。父母在跟孩子讲话的时候，也尽量多用一些表达情绪的词语，比如孩子淘气惹你生气了，这时你可以跟孩

子说："宝贝，你再这么淘气，妈妈要生气了啊。"孩子听到"生气"这个词语，自然会收敛自己的行为。同样的，妈妈也可以教导孩子向妈妈学习，学会用准确的语言来表达自己的情绪，如果有一天孩子在伤心的时候能够通过语言说出"我很伤心"或"我很难过"，而非倒在地上大哭大闹时，那么，恭喜你，你的孩子可以做自己情绪的主人了。

程程每次出现负面情绪的时候，我和先生都会耐心跟她说："宝贝，你试着用语言把你的难受说出来。"我们会反反复复地把这个理念传授给孩子。经过我们长时间有意识地引导，程程发泄情绪的方式已经有了明显的改善。

如果说无条件地接纳孩子的情绪是父母对孩子的爱，那么有条件地管教孩子的行为则是对他更深沉的爱。

没有完美的孩子，只有更自信的孩子

与培养一个全能的孩子相比，我更希望我的孩子可以成为一个乐观自信的孩子，他做任何事情都能信心满满、从容淡定。然而，大部分乐观自信的孩子，跟他所成长的家庭环境有很大的关系。一个整天愁眉苦脸的父母，很难培养出乐观自信的孩子来。乐观自信是一种深入骨子里的优良品质，往往在孩子小时候就需要对他进行有意识的教育和引导。一个从小怯懦自卑的孩子，不可能突然就变得阳光自信。

1980年，伦敦精神病学研究所教授卡斯比对1000名3岁幼儿进行了测试，每名幼儿都被问了22个行为特点方面的问题。根据测试结果，这些幼儿被分为充满自信、良好适应、沉默寡言、自我约束和坐立不安5大类。

等这些孩子长到26岁时，卡斯比再次对他们进行了调查，结果发现：8%被列为“沉默寡言”类的幼儿，如今要比一般人更倾向于隐瞒自己的感情，不敢从事任何可能导致自己受伤的事情；10%被列为“坐立不安”类的幼儿，如今更易对小事情作出过度反应，遇到事情容易苦恼和愤怒，熟悉他们的亲友认为他们心胸比较狭窄，容易产生对抗情绪；还有14%被列为“自我约束”类的幼儿长大后没有主见，喜欢压抑自己的情感。

这个研究告诉我们，孩子3岁之前形成的性格特质，会深刻地影响其在以后20多年里的性格走向。因此可见，3岁之前的性格养成，对一个孩子的未来成长是一件多么重要的事情。

美国第32任总统罗斯福，小时候因为患病而造成了牙齿突出和行走不便。罗斯福因此非常自卑，他认为自己是世界上最不起眼的孩子，平时也不敢主动跟其他同学一起做游戏。

有一天，罗斯福的父亲找来了一些小树苗，然后他把自己的孩子们叫到面前，给他们每人分了一棵小树苗，并告诉孩子们，谁栽的树苗长得最好，就给谁买一件最喜欢的礼物。罗斯福也想得到父亲的礼物，但想想自己的残疾之躯，便自暴自弃地想道：我才不去浇树呢，让它自生自灭吧。可是，过了几天后，罗斯福再去看他栽的那棵树时，惊奇地发现它不仅没有枯萎，而且长出了几片新叶子，与兄妹们栽的树相比，显得更嫩绿、更有生机。对于这样的结果，父亲也兑现了他的诺言，给罗斯福买了他最喜欢的礼物，并对他说，从他栽的树来看，他长大后一定能成为一名出色的植物学家。

那天晚上，罗斯福失眠了，他打算去院子里看看自己的那棵小树苗。当他轻手轻脚走进院子里后，却发现父亲正在给自己的小树苗浇水。那一刻，罗斯福哭了，原来父亲一直在默默地替自己的小树苗浇水，也许父亲只想让自己变得开心一点儿、自信一点儿。从那以后，罗斯福慢慢变得乐观向上起来，无论做什么事，他都用积极的心态去做，因为他不想辜负父亲的期望。

不得不说，罗斯福的父亲是一位伟大的父亲，为了让自己的儿子变得乐观、自信一些，他悄悄地帮助自己的儿子将那棵小树苗培养得特别茁壮，从而让孩子因此可以得到心爱的礼物和鼓励。可以说，这种教育方式用心良苦。诚然，孩子的性格受先天因素的影响，但更多的时候我们可以通过外在的教育让一个原本内向、自卑的孩子变得乐观和自信。

除了给予孩子更多的关爱之外，我们其实还可以更努力一些，尽我们所能给孩子提供更快乐的成长环境。静下心来的时候，我们不妨反问自己，我们有没有在以下几个方面做得更好一些呢？

1.我们的家庭氛围是否幸福

在孩子成长的过程中，大部分时间都是与家人待在一起的，家庭氛围是否幸福祥和，直接影响着孩子的性格塑造。一般而言，家庭氛围轻松、快乐、幸福的家庭，孩子更乐观、自信。反之，纷争不断、鸡飞狗跳的家庭，孩子的性格也会变得唯唯诺诺、自卑怯懦。因为在一个快乐祥和的家庭里，孩子看到家庭成员间处理问题的态度都是温柔、理智、平和的，时间久了，孩子也学会了用同样的方式处理问题。另外，他们在今后遇到任何事情，第一反应也不会是逃避责任，而是会心平气和地与人沟通解决。

2.我们是否整天在愁眉苦脸地生活

一个总是愁眉苦脸、郁郁寡欢的妈妈，很难培养出一个阳光自信的孩子来。我曾有个邻居，每次见面她都是愁眉苦脸，在家里跟爱人、孩子说话，也总是一副怨气满满的样子。总之，很少看见她有开心的时候。有次我们俩聊天，她谈起自己的生活，皱着眉头说：“生活压力这么大，哪还有心思笑？”结果，她的女儿平时跟她说话，也总是小心翼翼，走在外面也是眉头紧锁、郁郁寡欢，根本不像一个只有十二三岁的小女孩。对此，我给她提了个建议：“每天对着镜子笑一笑，笑得多了，心情自然会好了，孩子看到你的笑脸，也会学着你的样子，越来越爱笑。”要知道，笑容是会感染的，就连一个刚出生的小婴儿都喜欢大人笑嘻嘻地逗她玩，何况一个十二三岁的孩子呢？

3.我们是否有苦中作乐的精神

有一次，我和程程出门，突然下起了雨，我们没带伞，程程说：“妈妈，现在怎么办？”我说：“这么点儿小雨，算什么，平时想淋雨还没有机会呢，要不要跟妈妈一起感受感受淋雨？”程程听完我的话，笑嘻嘻地和我在雨里跑了起来，苦中作乐，竟给我们带来了很多意想不到的惊喜。你看，这就是心态的感染力：你悲观消极，孩子也会悲观消极；你阳光乐观，孩子也会阳光乐观。

我一直认为，身为父母就应该有父母的担当，偶尔要学会替孩子遮风挡雨，生活压力再大，也要想办法以轻松的方式去化解，不要让孩子觉得生活很窒息。举个简单的例子，别人家经济条件好，孩子有很多好玩的玩具，而自己家经济条件不好，孩子只能在院子里玩泥巴。这种情况下，父母如果能带领孩子从辛苦的日子里寻找到生活的乐趣，比如陪孩子一起玩泥巴、打雪仗、捉虫子等，那么孩子将会觉得非常快乐、幸福。作为父母，我们要培养苦中作乐的生活态度，努力把艰辛的日子过成一道光，孩子在潜移默化中，也能学会这种乐观的生活态度。

总而言之，我们要相信，乌云之下无阳光，晴空万里有艳阳；一个经常阴云密布的家庭，是很难培养出乐观自信的孩子来的。父母就是家庭的“调色板”，家庭氛围的色泽浓淡，全靠父母来掌握。

慢养，给孩子一个好性格

我们是极度焦虑的父母，一方面大度地说着孩子应该要“慢慢养”，要学会尊重孩子的成长规律；另一方面，我们又恨不能在孩子的脑门上安装一个开关，“啪”地一掌按下去，孩子就学会自己吃饭、穿衣，甚至一睁眼，孩子就变成了一个文质彬彬、人见人爱的完美孩子。

但天上没有掉馅饼的好事，拔苗助长的故事永远只能以悲剧来结尾。因此，我们父母从现在开始，必须要掌握“慢养”的真谛：了解孩子的成长规律，按照孩子的成长规律慢慢去教育和引导孩子。要知道，孩子的性格跟父母平时的教育方式有很大的关系，父母采用科学、理智的教育方式培养出来的孩子，往往性格稳定、情绪平和，而父母采用吼叫、打骂方式养育出来的孩子，往往性格暴戾、脾气急躁。因此，为了让孩子养成一个好的性格，我们父母也不应该太焦虑。

而摆脱这种焦虑心理，主要的方法就是科学养育。我们要了解孩子的身心发展规律、认知规律等，要知道孩子在哪个年龄阶段会有怎样的行为表现。这样，我们再来重新审视孩子的行为表现，就能理解这是孩子在特定年龄段的真实表现，面对这些问题，我们应该采取怎样的方式来引导孩子，而不是一味指责孩子。

心理学上有个理论，叫作认知发展理论，是由儿童心理发展史上颇具影响力的心理学家皮亚杰提出来的。根据皮亚杰的认知发展理论，人的认知发展划分为四个阶段：感知运动阶段（0~2岁）、前运算阶段（2~7岁）、具体运算阶段（7~11岁）、形式运算阶段（11岁及以后）所有儿童都会按照这样的发展规律成长，并且每一阶段都建立在前一阶段发展完成的基础之上。

感知运动阶段（0~2岁）的孩子，刚刚开始有思维的萌芽，他们的认知活动主要是通过探索感知觉与运动之间的关系来获得动作经验，其中，吮吸、抓取的动作，是他们认识这个世界的主要方式。前运算阶段（2~7岁）的儿童能运用语言或较为抽象的符号来代表他们经历过的事物，凭借表象思维，他们可以进行各种象征性活动或游戏，延缓性模仿以及绘画活动等。但是，处于前运算阶段的儿童，他们的思维具有不可逆性、刻板性、以自我为中心的特点，尚未获得物体“守恒”的概念。具体运算阶段（7~11岁）的儿童，认知结构已经发生了重组和改善，思维具有一定的弹性，可以逆转，已经获得长度、体积、重量和面积等的守恒，能凭借具体事物或从具体事物中获得的表象进行逻辑思维和群集运算，但其思维仍然需要具体事物的支持。形式运算阶段（11岁及以后）的儿童，思维已经超越了对具体的可感知的事物的依赖，能以命题的形式进行，并能发现命题之间的关系，能理解符号的意义，能做一定的概括，思维已经接近成人的水平。

通过学习皮亚杰的儿童认知发展规律，我们可以知道，孩子在不同阶段具有不同的思维形式，儿童的抽象思维能力需要经过很长一段时间的发展，才能逐步成熟。这一发展特点，导致不满11岁的孩子在面对一些需要发散思维或抽象思维才能解决的问题时，表现得会比较吃力。

同样一个困难，在思维发育已经成熟的父母眼里，也许是小菜一碟，但是对于思维尚未发育健全的孩子而言，却是一件“难于上青天”的事情。这时候，我们需要做的事情是慢慢来，尽可能把复杂的问题具体化、形象化，这样才能跟孩子的思维方式相匹配，真正让孩子听明白。当孩子表现出一些非理智的行为时，我们先不要着急责骂孩子，而应该先冷静一会儿，好好跟孩子进行沟通，问问孩子内心的真实想法究竟是什么。面对同一件事情时，大人有大人的思维方式，孩子也有孩子的思维方式，我们不能根据大人的思维方式，去审视孩子的言行举止，否则我们看到的永远是一个表现糟糕的孩子。

生完二宝希希之后，她的姐姐程程表现得非常开心，每天放学，我去接她，她见到我之后，问的第一句话永远都是“妹妹在哪里”。她会捧着妹妹的小脸亲个不停，还非常开心地把妹妹介绍给她所有的朋友认识。可是，在一件事情上，程程却表现得让人有些意外。每次，我们给希希买婴儿衣服或婴儿玩具时，程程总会表现得有点妒忌，她会一边摸着这些可爱的婴儿衣服，然后问我和她爸爸：“希希的新衣服这么漂亮，我小时候有没有？”“为什么希希有新玩具，我却没有呢？”平时，我和先生也会根据季节变化给程程买新衣服和新鞋子，过一段时间也会给程程买些新玩具，但是程程却只看到了妹妹有的东西，却忽视了自己已经拥有的。

我知道，程程现在只有7岁多，她的思维方式不像我们大人这样理性、抽象，所以她考虑问题难免有些片面。在这种情况下，一方面，我并没有像别的父母一样，觉得程程委屈，赶紧给程程买些新衣服或新玩具作为补偿，因为这种补偿心理只会形成恶性循环，让她的思维方式变得更加偏执、片面。另一方面，我也没有粗暴地指责程程不懂事，不懂得包容妹妹，还和妹妹争东西，这种做法反而会伤害程程的自尊心，让她觉得自己很差劲。于是，我和先生商量了一番，然后把程程叫过来，跟她说："程程，上次妈妈给你买的公主裙，你喜欢吗？"

"喜欢。"程程点了点头，表示赞同。

"妹妹如果也喜欢你的公主裙，可以借给她穿一下吗？"

"妹妹太小了，穿不上。"

"穿不上，也能试一试，顶多垂下来一点儿，没关系。"我们接着试探道。

程程听完我们的话，陷入了犹豫，我知道，她也不想把自己的公主裙让给妹妹，因为她很喜欢这条裙子。见此情景，我们借机教育程程："你看，你的公主裙很漂亮，妹妹却没有，反过来，妹妹的婴儿服虽然很可爱，但你也不会真的要穿。每个人都有适合自己的衣服和玩具，强行交换的话，谁都不高兴。等妹妹再长大一点儿，可以和你穿姐妹装的时候，妈妈答应给你们俩买一身同样款式的衣服，好吗？"

听完我的话，程程终于开心地点了点头。从那以后，每次给妹妹买东西的时候，程程再也不会抱怨了，因为她知道每个人都有适合自己的东西，爸爸妈妈会公平合理地买给她们。等希希长到一岁多时，我给她们姐妹俩买了几款相同图案的睡衣，姐妹俩穿着同样的睡衣，躺在床上，一起玩耍，那样的场景看起来就很和谐。

孩子在不同的年龄阶段，会呈现出不同的心理特点和认知特点。因此，我们要考虑孩子的心理发展规律和认知发展规律，多包容、多理解孩子一些尚不成熟的想法和做法，这样才能真正走进孩子的世界。当孩子的表现没有达到你的要求时，先不要着急否定他，而要耐着性子，等着孩子慢慢去成长。这样，才会让孩子的性格变得越来越好。

教育孩子就如同培育花朵，当你撒下种子之后，要根据花苗的喜好和特性来好好培育它们。如果你无视花苗的生长特性，盲目浇水和施肥，只会影响花苗的生长。我们要做的就是，做好我们父母该做的事情，然后慢慢地站在一旁，静待花开。

图书在版编目（CIP）数据

教育，就是给孩子高情绪价值 / 贾杜晶，岳贤伦著. —北京：中国农业出版社，2024.4
ISBN 978-7-109-31668-3

Ⅰ.①教… Ⅱ.①贾…②岳… Ⅲ.①亲子教育－家庭教育 Ⅳ.①G781

中国国家版本馆CIP数据核字(2024)第033371号

JIAOYU，JIUSHI GEI HAIZI GAOQINGXU JIAZHI

中国农业出版社出版
地址：北京市朝阳区麦子店街18号楼
邮编：100125
策划编辑：宁雪莲
责任编辑：全　聪　宁雪莲　　文字编辑：屈　娟
版式设计：李　爽　　责任校对：张雯婷　　责任印制：王　宏
印刷：中农印务有限公司
版次：2024年4月第1版
印次：2024年4月北京第1次印刷
发行：新华书店北京发行所
开本：880mm × 1230mm　1/32
印张：7
字数：195千字
定价：49.00元

版权所有 · 侵权必究
凡购买本社图书，如有印装质量问题，我社负责调换。
服务电话：010－59195115　010－59194918